뉴 에이지 신비주의

NEW AGE MYSTICISM
뉴 에이지 신비주의

김태한 지음

라이트 하우스

목 차

저자 서문 - 9

제 1 장 신사상 운동과 믿음의 말씀 운동 - 13
- 론다 번의 [시크릿] - 15
- 조엘 오스틴의 [긍정의 힘] - 31

제 2 장 영지주의와 신지학회 - 55
- 파울로 코엘료의 [연금술사] - 57
- 유다복음과 영지주의 - 62
- 헬레나 블라바츠키와 신지학회 - 79
- 프리메이슨과 영지주의 - 88

제 3 장 인도 사상과 뉴 에이지 세계관 - 95
- 뉴 에이지의 근원 인도와 요가 철학 - 97
- 신지학회의 진화론적 윤회설 - 109
- <X파일>과 신비주의 - 113
- UFO 종교들과 그레이엄 핸콕 - 118

제 4 장 사탄이즘과 헤르메티카 - 123
- 우주적 인본주의 - 125
- 사탄이즘과 오컬트 문화 - 134
- 알레이스터 크롤리와 헤르메티카 - 143

제 5 장 붓다와 티베트 불교 - 155
- 티베트 불교와 신지학회 - 157
- 심리적 쾌락의 창시자 붓다 - 159
- <쿤둔>과 툴쿠 사상 - 164

제 6 장 너희는 예수를 누구라 하느냐 - 171
- 예수는 신화다? - 173
- 예수의 동방 여행설 - 181
- 힌두교 우주론 - 184

제 7 장 페미니즘과 여신숭배 - 189
- 가부장제의 수호신 야웨? - 191
- 영지주의와 페미니즘 - 197
- 마고 여신과 바알 - 199

제 8 장 샤머니즘과 조상제사 - 207
- <식스 센스>와 귀신 문화 - 209
- 단군과 샤머니즘 - 215

저자 서문

최근 일반 출판시장과 기독교 출판시장을 점령한 두 사람이 있다. 론다 번과 조엘 오스틴이 그들이다. 론다 번의 [시크릿]과 조엘 오스틴의 [긍정의 힘](그리고 [잘 되는 나])는 엄청난 판매부수를 기록하며 인기를 구가하고 있다.

흥미로운 것은 이 책들이 일반 서적과 기독교 서적으로 분류되지만 완전히 동일한 주장을 하고 있다는 것이다. 여기서 말하는 '동일한 주장'이란 이 책들이 서점에 넘쳐나는 성공학 서적으로 분류될 수 있는 공통점을 지닌 책들이라는 의미가 아니다. 물론 이 책들은 성공을 강조하는 공통점을 지니고 있다. 하지만 그런 이해는 이 책들을 정확히 파악한 것이 아니다. 이 책들은 단순히 성공을 이야기하는 책이 아니다.

론다 번과 조엘 오스틴의 책들은 '인간은 신적(神的) 존재이기에, 원하는 모든 것을 소유할 수 있다'는 주장을 하는 종교 운동의 사상을 담고 있는 책들이다. 이 사상은 '인간이 곧 신'이라는 뉴 에이지 운동(New Age Movement)의 교리와 일치한다. 즉 현재 국내 최대 베스트셀러가 뉴 에이지 운동의 세계관을 담고 있는 책들인 것이다. 이처럼 뉴 에이지 운동은 세상과 교회 안에 깊숙이 들어와 있다. 이들이 강조하는 성공이라는 것의 배후에는 이런 세계관이 있는 것이다.

본서는 뉴 에이지 운동의 '현재'를 다루고 있다. 뉴 에이지 신비주의는 소수의 사람들만이 접할 수 있고, 접하고 있는 보기 드문 것이 전혀 아니다. 우리에게 잘 알려진 기독교계와 일반 출판계의 베스트셀러 중 뉴 에이지 신비주의자들이 쓴 책들이 적지 않다. 뉴 에이지 신비주의는 바로 당신의 코앞에 있다.

이 책에 실린 글을 읽고 놀라는 사람이 적지 않을 것이다. 국내 최대의 기독교 베스트셀러가 뉴 에이지 운동의 사상을 담은 책이라는 사실은 놀랄만한 것이다. 필자는 조엘 오스틴에 대해 많은 강의를 하면서 청중들이 믿기지 않는다며 놀라는 모습을 많이 보았다. 하지만 조엘 오스틴에게 심각한 문제가 있다는 것은 사실이며 얼마든지 증명가능하다.

많은 그리스도인들이 여호와의 증인, 몰몬교, 크리스천 사이언스, 빈야드 운동, 뉴 에이지 운동 등이 이단(異端)이라는 것은 알고 있다. 국내 주요 교단들이 이들에 대해 이단 판정도 했고, 교회들도 그 사실을 가르친다. 하지만 이제 가르침의 범위를 확대해야 한다. 우리 코앞에 있는 뉴 에이지 신비주의에 대해 분명하게 알려야 하고 가르쳐야 한다.

본서가 다루는 큰 흐름은 '이교주의'(異敎主義)이다. 론다 번과 조엘 오스틴의 주장도 이교주의 세계관의 산물이다. 이교주의란 사도적(使徒的) 기독교의 가르침을 거부하는 비(非)기독교 신앙을 말한다.

1장에서는 론다 번과 조엘 오스틴이 기대고 있는 종교 운동을 다루고, 2장에서는 초대 교회 시대에 초기 기독교를 이교화(異敎化)하려는 종교 운동이었던 영지주의와 뉴 에이지 운동의 출발점인 헬레나 블라바츠키의 신지학회, 그리고 프리메이슨과 영지주의의 관계를 논한다.

3장에서는 뉴 에이지 운동 교리의 근원인 인도 사상을 검토하고, 4장에서는 르네상스 시대의 이교주의 마법 신앙인 헤르메티카를 분석한다. 5장은 티베트 불교의 세계관을, 6장은 예수 그리스도에 대한 이교주의자들의 견해를 비판한다. 끝으로 7장과 8장에서는 여신 숭배 운동과 샤머니즘의 세계관을 다룬다.

2008년 봄
저자 김태한 목사

제 1 장 신사상 운동과 믿음의 말씀 운동

- 론다 번의 [시크릿]
- 조엘 오스틴의 [긍정의 힘]

■ 론다 번의 [시크릿]

  2008년 3월 현재 국내 도서 판매 1위를 차지하고 있는 책은 론다 번의 [시크릿 : 수 세기 동안 단 1%만이 알았던 부와 성공의 '비밀']이다.[1] 이 책은 2008년 3월 둘째 주 현재 11주 연속 판매 부수 1위를 기록하고 있으며, 출간 8개월만에 100만부를 돌파해 최단 기간 100만부 판매 국내 기록을 갱신했다. 책 표지에는 아래와 같은 홍보문구들이 등장하고 있다.

수 세기 동안 단 1%만이 알았던 부와 성공의 '비밀'
'오프라 윈프리 쇼' 홈피를 마비시키고, [해리포터]를 묶어버린, 세계인이 경탄하고 있는 바로 그 책!!
아마존 베스트셀러 1위
뉴욕타임즈 베스트셀러 1위

---

[1] 론다 번, [시크릿], 김우열 역, (살림Biz, 2007).

미국에서 최단기간 500만부 돌파
DVD 250만 카피 돌파
래리킹 라이브 방송
타임지 '가장 영향력 있는 100인'에 선정

이 홍보 문구가 소개하는 화려한 성과와 기록만을 놓고 보면 이 책이 대단히 훌륭하고 가치 있는 책일 것이라는 생각이 들 수 있으나 전혀 그런 책이 아니다. [시크릿]은 뉴 에이지 운동의 일종인 '신사상 운동'(New Thought Movement)을 추종하는 사람이 쓴 책에 불과하기 때문이다. 저자 스스로가 이 책이 신사상 운동과 관련된 책임을 밝히고 있다.[2]

신사상 운동은 사람이 무언가를 '생각'하여 그것을 '말'로 발설하면 그 말이 실체(實體)를 만들며, 말한 그것을 소유하게 만들어준다는 주장을 하는 '종교 운동'이다. 이 운동의 핵심 교리를 한마디로 요약하면 "생각이 현실이 된다!"[3]이다.

---

2) 론다 번, 같은 책, p.29.
3) 론다 번, 같은 책, p.25.

이런 주장을 '영상화'(visualization)라고 하는데, 이것은 '이교주의'의 핵심 사상이다.

[시크릿]에서 말하는 "시크릿", 즉 비밀은 바로 '긍정적인 말, 긍정적인 생각, 긍정적인 영상화가 건강과 부(富)를 가져다 준다'는 신사상 운동의 가르침이다.

저자 론다 번은 자신이 절망에 빠져있을 때 딸이 읽으라고 준 신사상 운동 추종자인 월러스 워틀스(Wallace D. Wattles)의 책 [부의 비밀](*The Science of Getting Rich*)[4]을 읽고 신사상 운동의 '위대한 비밀'을 세상에 알리고 싶어서 DVD와 책을 제작했다고 밝히고 있다.

그녀는 "비밀을 알고 있는 현대인들을 찾기 시작 했"는데,[5] "'비밀의 대가들'이 차례로 나타"났다고 한다.[6] "이 책에는 훌륭한 '비밀'의 달인이 스물네 명 등장"[7]하는데, 그들

---

[4] 월러스 워틀스, [부의 비밀 The Secret 실행편], 김우열 역, (흐름출판, 2007).
[5] 론다 번, 같은 책, p.10.
[6] 론다 번, 같은 책, p.10.
[7] 론다 번, 같은 책, p.12.

중에 [영혼을 위한 닭고기 수프]의 저자로 유명한 잭 캔필드와 [화성에서 온 남자 금성에서 온 여자]의 저자 존 그레이도 있다. 잭 캔필드는 "내 인생의 모든 성공은 '비밀'을 적용하는 법을 안 덕분이었다"8)라고 말한다.

이 책에서 말하는 비밀은 '끌어당김의 법칙'(Law of Attraction)이다.9) 끌어당김의 법칙은 신사상 운동과 뉴에이지 운동의 핵심적 개념이다. 이 법칙을 다룬 책은 이미 20세기 초부터 발행되었다. 대표적인 책들이 윌리엄 워커 앳킨슨(William Walker Atkinson)의 [*Thought Vibration or the law of Attraction in the Thought World*]와 어니스트 홈스(Ernest Shurtleff Holmes)의 [*Basic Ideas of Science of Mind*]이고, 1990년대에 에스더 힉스(Esther Hicks)와 제리 힉스(Jerry Hicks) 부부가 쓴 책들을 통해 이 법칙이 '대중화' 되었다.

에스더/제리 힉스

신사상 운동은 19세기 말 미국에서 최면술사(催眠術士)인

---

8) 론다 번, 같은 책, p.18.
9) 론다 번, 같은 책, p.19.

피니어스 퀸비

메리 베이커 에디

피니어스 파커스트 퀸비(Phineas Parkhurst. Quimby, 1802-1866)가 시작한 운동이다. 그는 질병, 물질, 죄, 죽음이라는 것은 실제로 존재하는 것이 아니라, 생각이 만들어낸 환영(幻影)일 뿐이라는 자신의 주장을 '크리스천 사이언스'(Christian Science)라 불렀다.

'크리스천 사이언스'는 메리 베이커 글로버 에디(Mary Baker Glover Eddy)가 만든 사이비 종교로 알려져 있다. 그러나 본래 크리스천 사이언스라는 말은 퀸비가 만든 말이고, 퀸비에게 치료를 받은 적이 있는 메리 베이커 에디가 퀸비가 만든 용어를 차용한 것이다. 자신이 계시를 받은 것이라고 했던 크리스천 사이언스 개념들의 대부분이 퀸비의 주장을 그대로 가져온 것이다.

크리스천 사이언스는 일원론(一元論, monism)을 기반으로 하고 있다. 일원론은 '모든 것이 하나'라는 주장이다. 모든 것이 하나라면 하나님이나 인간이나 차이가 없게 된다. 그러므로 인간은 하나님이다.

메리 베이커 에디는 인간은 하나님의 형상으로 만들어졌기 때문에 하나님과 분리된 다른 실체를 가지고 있지 않다고 주장한다. 인간은 물리적인 실체(육체)를 갖고 있지 않다는 것이다. 하나님만이 세상에 존재하는 유일한 존재이므로 모든 것은 하나님이고 그러므로 인간도 하나님이다. 크리스천 사이언스가 죄, 질병, 죽음의 존재를 부인하는 이유가 바로 이런 논리 때문이다. 완전한 존재인 하나님은 죄를 지을 수 없고, 병에 걸릴 수 없고, 죽을 수 없기 때문에 하나님인 인간도 마찬가지라는 것이다. 크리스천 사이언스에게 있어 구원은 죄, 질병, 육체, 죽음이라는 것은 존재하지 않는다는 것을 믿는 마음(생각)이다.

신사상 운동의 추종자로 로버트 슐러(Robert H. Schuller), 노먼 빈센트 필(Norman Vincent Reale)[10], 나폴레온 힐(Napoleon Hill), 모턴 켈시(Morton T. Kelsey), 디팩 초프라(Deepak Chopra) 등이 있는데, 특히 국내에 세계 최고의 영적(靈的) 지도자로 소개되고 있는 디팩 초프라는 '심신의학'(mind-body medicine)으로 유명한 인물이다. 이 심신의학

---

[10] 노먼 빈센트 필은 로버트 슐러와 함께 기독교 안에 신사상 운동을 도입한 사람이다. 그의 '적극적 사고'라는 용어는 크리스천 사이언스와 유사한 Mind Science 추종 집단인 Unity School of Christianity의 창시자 찰스 필모어(Charles Fillmore, 1854-1948)에게서 빌려온 것이다.

은 전형적인 신사상 운동과 뉴 에이지 운동의 특징을 보여준다. 디팩 초프라는 이렇게 쓰고 있다.

"세계는 우리와 동떨어진 것이 아니라 연속된 의식의 한 부분이다. 의도는 우주에 본래부터 있는 창조력을 이용해서 작용한다. 우리가 개인의 창조성을 가진 것처럼, 우주 또한 창조성을 갖고 있다. 우주는 살아 있을 뿐 아니라 의식을 갖고 있다. 우리가 우주를 분리되어 있지 않은 우리 몸의 연장으로 생각할 때 우주는 우리의 의도에 반응한다.…의도는 정신을 물질적 실재로 변화시키는 매개체다."11)

이 책의 부록("고대의 지혜에서 발견하는 기적의 법칙")에서 초프라는 자신의 주장이 헤르메티카(*Hermetica*)12) 그리고 영지주의(靈知主義)와 동일하다고 밝히고 있다. 그러면서 신비주의 전통의 11가지 지혜를 나열하고 있는데, 첫 번째 지혜가 "세상 모든 것이 정신의 표현이다"13)라는 신사상 운

---

11) 디팩 초프라, [바라는대로 이루어진다 : 기적을 일으키는 내 안의 잠재력 키우기], 도솔 역, (황금부엉이, 2005), pp.116-117.
12) 티모시 프레케, 피터 갠디, [헤르메티카 : 고대 이집트의 지혜], 오성근 역 (김영사, 2005), pp.10-11("헤르메티카란 그의 지혜로 신이 되었다고 알려진 신화적인 고대 이집트의 현인 토트Thoth가 썼다고 간주되는 작품집이다…이집트인들의 지식과 영성靈性을 경외했던 그리스인들은 토트를 자신들의 신인 헤르메스와 동일시했는데,…그들은 이 헤르메스를 이집트의 헤르메스와 구분하여 그가 지닌 탁월한 지혜를 숭배하기 위해 그에게 '세 배나 위대한'이라는 의미의 '트리스메기스투스 Trismegistus'라는 칭호를 부여했다. 그가 쓴 것으로 추정되는 책들이 한데 묶여 '헤르메티카'라고 알려지게 되었다.")

동의 교리이다. 이교주의인 헤르메티카, 영지주의, 신사상 운동이 영상화와 밀접한 관련이 있음을 보여준다.14)

[시크릿]이 베스트셀러가 된 큰 이유 중 하나는 저자 론다 번과 신사상 운동 추종자들이 오프라 윈프리 쇼에 출연해 오프라 윈프리에게 동의와 찬사를 받았기 때문이다. 오프라

---

13) 디팩 초프라, 같은 책, p.291.
14) 탄트라 요가의 핵심도 영상화이다. 아래 글은 탄트라 요가와 영상화가 밀접한 관련이 있음을 밝히고 있는 한국요가연합회의 자료이다.
 "티벳 불교는 금강승(Vajra-yāna)라고도 불리는 탄트리즘(Tantrism) 수행전통이 현재까지도 도도하게 살아있다…탄트라에 입문하기 위한 기본적인 수행으로 귀의와 오체투지, 금강살타 수행, 만달라 공양, 구루 요가의 네 가지가 있다. 네 가지 기본 수행을 10만 번 이상 반복한 경우에만 탄트라에 입문할 수 있는 기본적인 자격이 주어진다. 여기서는 지혜와 방편을 완전히 합일할 수 있는 티벳의 대표적인 본존요가 중의 하나인 금강살타(Vajra-sattva) 수행법을 간략하게나마 소개하고자 한다. 금강살타 수행을 성취하기 위해서는, 먼저 수행처에서 금강 결가부좌의 상태로 선정인(禪定印)을 유지한다. 그리고 나서 금강살타에 대한 본격적인 관상법을 시작한다. 먼저 유가행자는 자신의 정수리 위에 연화좌와 달의 좌복 위에 붓다와 스승의 본질을 구족하신 금강살타의 희고 빛나는 얼굴을 관상한다. 그리고 금강살타의 가슴 쪽으로 향한 오른손에는 금강저(방편을 상징)를, 허리 쪽으로 향한 왼손에는 요령(지혜를 상징)을 들고 계신 것을 구체적으로 세밀하게 관상한다. 대략의 불모가 금강살타를 안고 계신다. 금강살타의 가슴에 있는 연화대 위 월륜의 중앙에 만트라 종자 훔(Hūṃ)이 있고, 그 주위를 시계 반대방향으로 금강살타 만트라가 돌면서 빛나고 있다. 거기에서 하얀 감로수가 끊임없이 흘러내린다. 쌍신(Yab yum, 雙身)의 연결 부위에서 흘러나와서 자신의 정수리로 녹아 들어와서 몸과 마음의 모든 카르마를 정화시킨다…이러한 예비적인 금강살타 수행이 탄트라의 본 수행에 들어가서는 금강살타와 내가 하나가 되는 합일의 경지에 이르게 된다…티벳 수행은 탄트라 입문 이전부터 직접적이고 생동감 넘치는 영상화(visualization)로 이루어진다는 사실을 다시 한번 확인할 수 있다."

윈프리는 이 신사상 교리를 담은 책을 적극적으로 옹호하며 이 책 판매에 힘을 실어 주었다. 앞서 언급한 디팩 초프라의 책 앞날개 저자 소개에서도 오프라 윈프리가 신사상 운동에 매력을 느끼고 있음을 엿볼 수 있다.

"클린턴, 고르바초프, 래리 킹, 데이비드 린치, 도나 카란, 엘리자베스 테일러, 고 다이애나 등 수 많은 유명 인사들이 그를 정신적 스승으로 흠모하고 있다. 특히 토크쇼 사회자로 유명한 오프라 윈프리는 자신의 별명을 '디팩 오프라'라고 지을 만큼 초프라 박사의 열성적인 팬이다."

미국에서 가장 영향력 있는 여성으로 손꼽히는 오프라 윈프리는 뉴 에이지 신비주의에 깊이 경도(傾倒)된 사람으로 파악된다. 에릭 버터워쓰(Eric Butterworth)라는 신사상 운동 추종자의 책 [*Discover the Power Within You*][15] 앞 표지에 오프라 윈프리가 쓴 추천사는 다음과 같다.

"이 책은 삶과 종교에 대한 나의 관점을 변화시켰다. 에릭 버터워쓰는 하나님이 하늘에 있다고 가르치지 않는다. 신은 우리 안에 존재하며 우리 안의 신성(divine)을 발견하는 것은 각자에게 달렸다고 가르

---

15) Eric Butterworth, [*Discover the Power Within You : A Guide to the Unexplored Depths Within*] (Harper San Francisco, 1993).

친다."

[시크릿]에 등장하는 비밀의 달인이라는 사람 중에 마이클 버나드 백위스(Micheal Bernard Beckwith)라는 사람이 있다. 이 사람은 '종교 과학(Religious Science) 교회' 목사 (Rev.)로 소개되고 있는데, 종교 과학 교회란 신사상 운동의 교리를 숭배하는 종교 단체로, 이것을 세운 사람이 바로 앞서 언급한 끌어당김의 법칙 추종자인 어니스트 홈스이다. 그는 크리스천 사이언스의 영향을 크게 받은 사람이다.

종교 과학은 자신들의 교리를 사용하면 물질적인 성공, 건강, 풍요, 번영, 행복을 경험할 수 있다고 주장한다. 이들도 크리스천 사이언스, 뉴 에이지 운동 추종자들과 마찬가지로 일원론을 주장하는데, 따라서 인간을 하나님으로 본다. 어니스트 홈스는 종교 과학 추종자들에게 경전으로 대접 받고 있는 자신의 책 [*The Science of Mind*](1926)에서 다음과 같이 주장한다.

"모든 개인들 안에는 우주 전체의 본질을 나누어 가진 것들이 있으며 그것이 작용하는 한은 하나님이다. 그것이 임마누엘의 의미이며 그리스도라는 단어의 의미이다. 우리 안에는 신성한 존재의 본질을 나누어 가진 것들이 있으며, 신성한 존재의 본질을 나누어 가졌기 때문에 우리는 신성하다."

또한 비밀의 달인 중에 밥 프록터(Bob Procter)라는 사람이 등장하는데, 이 사람에 대한 소개 글은 다음과 같다.

"밥 프록터는 여러 훌륭한 스승들에게서 지혜를 전수받았다. 가르침은 우선 앤드루 카네기에서 시작하여 나폴레온 힐로, 다시 얼 나이팅게일로 이어졌다. 얼 나이팅게일은 다시 지혜의 불꽃을 밥 프록터에게 건넸다. 밥 프록터는 40년 이상 마음의 잠재력을 연구했다."16)

나폴레온 힐

본문에 언급된 나폴레온 힐과 얼 나이팅게일(Earl Nightingale)은 신사상 운동 추종자로, 끌어당김의 법칙을 전파한 대표적인 사람들이다. 특히 나폴레온 힐은 '긍정적 사고'가 부자 되는 법칙이라는 주장을 전파한 가장 유명한 사람이다.

그는 인간의 생각은 무한한 잠재력과 엄청난 힘을 가지고 있다고 주장한다.17) 이것은 뉴 에이지 운동의 주장과 일치한다. 나폴레온 힐이나 얼 나이팅게일의 문제점은 단순히 그들

---

16) 론다 번, 같은 책, p.228.
17) 나폴레온 힐의 주장을 가장 잘 보여주는 책은 다음과 같다. 나폴레온 힐, [마음의 평화로 부자되기], 이지현 역, (국일미디어, 2003). 나폴레온 힐 · 클레멘스 스톤, [행동하라! 부자가 되리라], 성필원 역, (도전과성취, 2003).

이 너무 물질적인 성공만을 강조한다는 정도의 문제가 아니다. 더 큰 문제는 그들이 인간을 신의 위치로 이동시키려는 데에 있다.

끌어당김의 법칙은 다음과 같이 정의된다.

"당신의 인생에 나타나는 모든 현상은 당신이 끌어당긴 것이다. 당신이 마음에 그린 그림과 생각이 그것들을 끌어당겼다는 뜻이다. 마음에 어떤 생각이 일어나든지, 바로 그것이 당신에게 끌려오게 된다."[18]
"지금 당신의 삶은 지난날 당신이 한 생각들이 현실에 반영되어 나타난 결과물이다."[19]
"당신이 생각할 때 그 생각은 우주로 전송되어 같은 주파수에 있는 비슷한 것들을 자석처럼 끌어 들인다."[20]

끌어당김의 법칙을 요약하면 "생각이 현실이 된다!"이다. "비밀을 알고, 법칙을 알며, 생각에 담긴 힘을 의식하라."[21] "생각은 물질이 되어 나타난다."[22] 신사상 운동의 핵심적인 인물인 찰스 해낼(Charles F. Haanel)은 끌어당김의 법칙을 "온 우주가 의지하는 가장 위대하고 정확한 법칙"[23]이라고

---

18) 론다 번, 같은 책, p.19.
19) 론다 번, 같은 책, p.25.
20) 론다 번, 같은 책, p.27.
21) 론다 번, 같은 책, pp.36-37.
22) 론다 번, 같은 책, p.42.

말한다.

이 법칙에 의하면 화재로, 홍수로, 건물이 무너져 죽은 사람들은 모두 평소에 부정적인 생각을 하면서 살았기 때문에 당연한 결과로 삶에 나쁜 일이 찾아 온 것이다. 9.11 테러로 죽은 사람들도 모두 평소에 부정적인 생각을 했기에 그렇게 된 것이다. 9.11 테러의 원인에 대해 여러 가지 주장이 있는데, 원인은 아주 간단하다. 그들이 부정적인 생각을 했기에 그렇게 죽게 된 것이다. 이것이 이들이 말하는 "위대한 비밀"의 수준이다.

이들이 이 존재하지도 않는 법칙을 믿고 추종하는 이유는 성공, 번영, 건강, 치유, 풍요, 행복이 이들의 유일한 목표이기 때문이다.

"이것으로 하지 못할 일은 하나도 없다. 당신이 누구든 어디에 있든, '비밀'은 원하는 걸 얻게 해 줄 수 있다."[24]

"원하는 것은 무엇이든 될 수 있고, 얻을 수 있고, 할 수 있다는 점을 알게 되리라."[25]

"풍요는 당신의 권리이고, 풍요의 열쇠가 당신 손에 있다"[26]

잭 캔필드는 다음과 같이 말한다.

---

23) 론다 번, 같은 책, p.21.
24) 론다 번, 같은 책, p.12.
25) 론다 번, 같은 책, p.12.
26) 론다 번, 같은 책, p.134.

"'비밀'을 배워서 적용하기 시작한 후로, 내 인생은 정말로 마법처럼 바뀌었다. 모든 사람이 꿈꾸는 삶이 바로 내가 요즘 살아가는 삶이 아닐까 한다. 나는 45억짜리 저택에 산다"27)

저자는 돈을 벌기 위해 열심히 일할 필요도 없다고 주장한다.

"당신이 '돈을 벌려면 정말 힘들게 일하고 고생을 해야 해'라고 생각한다면, 이 생각을 즉시 버려라. 그 생각을 할 때 당신은 바로 그 주파수의 신호를 전송한 것이고, 따라서 그것이 당신 삶에 나타난다. 로럴 랭마이어의 조언을 받아들여 이렇게 바꿔라. '돈은 쉽게 시시때때로 들어온다.'"28)

론다 번은 성공의 강력한 도구로 이교주의의 핵심인 영상화를 추천하고 있다.29)

"그림 그리기(Visualization, 영상화)는 예부터 위대한 스승과 대가들이 가르친 방법이다. 찰스 해낼이 1912년에 쓴 [성공의 문을 여는 마스터키]에는 24주 동안 그림

---

27) 론다 번, 같은 책, p.59.
28) 론다 번, 같은 책, p.131.
29) 론다 번, 같은 책, pp.103-110.

그리기를 완성하는 훈련이 기록되어 있다. 그림 그리기가 그토록 강력한 힘을 내는 이유는 마음속에서 원하는 것을 얻는 모습을 그릴 때 그것이 이미 당신에게 있다는 생각과 느낌을 발생시키기 때문이다. '그림 그리기'란 간단히 말해서 그림을 그리듯 생각을 강력하게 집중하는 것인데, 생각이 집중된 만큼 강력한 감정이 동반된다. 그림을 그릴 때 당신은 그 강한 파장을 우주에 내뿜는 것이다. 그러면 끌어당김의 법칙이 그 신호를 받아서 당신이 마음속에 그린 그림을 현실로 만들어 되돌려준다."[30]

"영상으로 그리는 세계는 '실제로' 존재한다."[31]

찰스 해낼은 영상화를 아래와 같이 설명하고 있다.

"영상화란 마음의 그림을 그리는 과정이고, 그림은 당신의 미래가 드러남에 있어 하나의 원형(마음속으로 그림을 그리면, 이것이 원형이 되어 그에 따라 미래가 만들어진다는 의미)으로 작용하게 될 틀 혹은 꼴이다."[32]

"그런 다음에 오는 과정이 영상화이다. 이때는 그림을 더욱더 완벽하게 하고 세부 사항을 그려 넣어야 하는데, 세부 사항이 나타나기 시작하면서 그것을 현실화하는 데 필요한 수단과 방법도 나타날 것이다. 하나가 다른 하나로 이어질 것이다. 생각은 행동으로 이어지고, 행동

---

30) 론다 번, 같은 책, pp.103-104.
31) 론다 번, 같은 책, p.106.
32) 찰스 해낼, [성공의 문을 여는 마스터키], 김우열 역, (샨티, 2005), p.99.

은 방법을 만들어내고, 방법은 친구를 찾아내고, 친구는 환경을 만들어내며, 그리하여 마지막으로 세 번째 과정인 물질화materialization가 뒤따르게 된다. 우리 모두는 우주가 먼저 생각으로 존재한 뒤에 물질로 나타났다는 점을 이해한다."33)

"영상화는 필요한 것이 오게 하는 메커니즘이다."34)

신사상 운동의 핵심적인 인물 중 한 명인 클로드 브리스톨(Claude M. Bristol)도 [신념의 마력](*The Magic of Believing*)35)에서 영상화를 강조하고 있다. 이 책 5장의 제목이 "마음의 그림 그리기, 성공을 끌어당기는 힘"이다. 출판사는 이 책을 소개하면서 "이 책은 마음의 기술을 통해 자신이 간절히 열망하는 것을 영상화해서 실천하면 반드시 원하는 삶을 스스로 창조할 수 있다는 단순명쾌한 메시지를 전한다"고 쓰고 있다.

이와 같이 영상화, 끌어당김의 법칙 등 뉴 에이지 운동의 핵심 주장을 담은 [시크릿]은 부와 성공에 갈급해하는 현대인들을 "비밀"이라는 솔깃한 말로 미혹하여 뉴 에이지적 사고를 가르치는 책이다.

[시크릿]이 말하는 "비밀"은 이 책의 광고 문구처럼 "수

---

33) 찰스 해널, 같은 책, pp.100-101.
34) 찰스 해널, 같은 책, p.129.
35) 클로드 브리스톨, [신념의 마력], 최염순 역, (비즈니스북스, 2007).

세기 동안 단 1%만이 알았던 부와 성공의 '비밀'"이 아니라, 누구나 알고 있었지만 단 1%의 사람만이 진실이라고 믿었던 '허구'(虛構)인 것이다.

■ 조엘 오스틴의 [긍정의 힘]

조엘 오스틴이 인기다. 국민일보는 2007년 1월 10일자 기사에서 조엘 오스틴이 "미국에서 가장 영향력 있는 기독교 지도자로 선정됐다"고 보도했다. 같은 해 10월 5일자에서는 조엘 오스틴이 담임목사로 있는 레이크우드교회가 성도 수 4만 7000여명으로 '미국 최대교회'라는 기사가 실렸다. 이처럼 조엘 오스틴은 현재 미국의 가장 인기 있는 기독교계의 인물이다.

그의 인기는 한국에서도 압도적이다. 국내 유명 목회자들의 추천사를 실은 그의 책 [긍정의 힘][36]은 국내에서 100만권 넘게 팔렸다. 최근 출간된 [잘 되는 나][37] 역시 5일 만에 10만부가 팔려 나갔다고 한다. 이 정도면 '조엘 오스틴 신드롬'이라 부를 만하다.

그런데 이런 신드롬과 반대로 조엘 오스틴에 대한 비판의

---

36) 조엘 오스틴, [긍정의 힘], 정성묵 역, (두란노, 2005).
37) 조엘 오스틴, [잘 되는 나], 정성묵 역, (두란노, 2007).

목소리도 존재한다. 가장 최근의 것이 사랑의 교회 옥한흠 원로목사의 발언이다. 다음은 2008년 2월 4일 뉴스앤조이에 「옥한흠 목사, '긍정의 힘'에 속지말자」라는 제목으로 실린 기사 중 일부이다.

> 옥한흠 목사(사랑의교회 원로)가 2월 3일 주일 설교에서 한국교회를 향한 우려의 메시지를 전했다…옥 목사는 "교인들이 그저 무엇이나 믿고 구하면 이룬다는 소원성취의 말이나 좋아하고, 예수 믿는 목적이 마치 무병장수에 있는 것처럼 큰소리로 외치고 있다"며 기복신앙과 맘몬주의 사상에 물든 한국교회를 비판했다. 그는 목회자를 향해서도 "예수님을 바로 가르쳐야 된다"고 덧붙였다.
>
> 옥 목사는 베스트셀러인 조엘 오스틴의 <긍정의 힘>과 <잘 되는 나>에 대한 우려도 표명했다. 그는 "오스틴이 주장하는 긍정적이고 낙천적인 성격을 개발하면 성공한다는 가르침에 모두가 다 입을 벌리고 있고, 이런 풍토가 교회 안에 만연하다"며 "오스틴은 긍정적인 자아를 회복하는 것이 기독교의 복음인 것처럼 설교한다"고 말했다. 복음의 본질을 왜곡해 사람들을 혼란하게 만드는 대표적인 인물이 조엘 오스틴이라는 얘기다.
>
> 옥 목사는 "오스틴이 전하는 메시지를 세상 사람들이 다 좋아한다. 정말 심각하다"며 "세상 사람들이 다 좋아하는 게 그게 무슨 진리입니까" 하고 되물었다. 그는 교인들에게 "긍정의 원천은 예수 그리스도이고, 복음의 본질인 예수 그리스도의 은혜를 힘입자"고 거듭 강조했다.
>
> 한편 옥 목사는 오스틴이 지난해 12월 24일 미국 폭스 뉴스 선데이에 출연해 미국 공화당 경선후보로 나선 미트 롬니의 종교인 몰몬교를 기독교로 인정한다고 해 논란이 되고 있는 것과 관련, "오스틴은 이단이 아니

면서 이단 못지않게 해를 끼치는 전형적인 인물이다"라고 강하게 꼬집었다. 또 그는 "다분히 심리학적이고 자기 최면적인 '긍정적인 힘'을 강조하는 성경말씀은 어디에도 없다"며 비판했다.

그렇다면 이 시점에서 미국은 물론 한국의 수많은 그리스도인들을 열광시키고 있는 조엘 오스틴이 어떤 인물이며, 그가 말하는 '긍정의 힘'은 무엇을 의미하는 것인지 알아볼 필요가 있다.

먼저 위 기사 중 몰몬교(예수 그리스도 후기 성도 교회)를 기독교로 인정한다는 조엘 오스틴 발언의 논란을 살펴보자.38) 아래는 기독신문에 실린 관련 기사이다.

베스트셀러 [긍정의 힘] 저자로 한국 교회는 물론 일반인에게도 잘 알려진 조엘 오스틴 목사(레이크우드교회)가 한 방송사 인터뷰에서 몰몬교도 진정한 기독교라고 발언해 논란이 되고 있다.

오스틴 목사는 지난 2007년 12월 23일 <폭스뉴스 선데이>(FOX News Sunday)에 출연해 몰몬교도인 미트 롬니 공화당 대통령 후보는 물론 몰몬교도 진정한 기독교라고 생각한다고 말했다. 그의 발언은 진행자 크리스 월리스(Chris Wallace)가 미국 대선과 관련해 종교와 정

---

38) 2004년 11월에는 미국 풀러신학교 총장인 리처드 마우(Richard J. Mouw)도 몰몬교 옹호 발언을 해서 큰 파문이 있었다. 또한 신사상 운동 추종자인 노먼 빈센트 필은 몰몬교 12대 회장인 스펜서 킴볼(Spencer W. Kimball)의 85세 생일파티에서 킴볼을 예수 그리스도의 진정한 선지자라며 극찬했었다.

치에 대해 질문하던 중, "미트 롬니 의원은(어떻게 생각하느냐)? 그리고 이번 대선을 떠나 몰몬교가 진정한 기독교라고 볼 수 있는가?"란 질문에서 나왔다.

오스틴 목사는 "미트 롬니는 예수 그리스도가 구세주라고 말했고, 나도 그렇다. 나는 자질구레한 것까지 따지고 싶지는 않다. 그래서 몰몬교도 진정한 기독교라고 생각한다. 그리고 미트 롬니 의원은 품성도 좋고 청렴해 보인다"라고 말했다.

그러자 진행자 윌리스는 몰몬 교주 조셉 스미스나 몰몬교의 이단성을 대표하는 황금판(몰몬경), 하나님과 사람은 같은 형상이라는 등의 신학적 문제에 대해 어떻게 생각하냐는 질문에, 별로 개의치 않으며 신학적 문제는 하나님이 판단하실 것이라고 답했다.

오스틴 목사는 "(신학적 문제는) 깊이 공부한 적이 없고 생각해본 적이 없기 때문에 개의치 않는다. 심판은 하나님의 몫이라고 생각한다. 미트 롬니 의원이 예수 그리스도를 구주로 시인한 것을 들었을 때 공감대를 느꼈다"고 말했다.

조엘 오스틴은 미트 롬니가 그리스도가 그의 구세주임을 믿는다고 말했기 때문에 몰몬교 신자도 진실된 기독교인이라고 말하고 있는데, 이것은 몰몬교 교리에 대한 그의 무지와 그의 신앙관에 심각한 문제가 있음을 드러내는 것이다. 몰몬교의 예수 그리스도 이해는 정통 기독교와 완전히 다르다.[39] 성경, 하나님, 삼위일체, 인간, 성령, 구원에 대한 교리

---

39) 몰몬교 교리에 의하면 인간과 그리스도는 큰 차이가 없다. 왜냐하면

도 완전히 다르다. 몰몬교는 국내외 교단들에서 분명한 이단으로 규정하고 있다.

조엘 오스틴이 몰몬교를 옹호한 것에 대해 국내 한 기독교 언론은 기사 제목을 「<긍정의 힘> 조엘 오스틴 목사

몰몬교에서는 인간이 나중에 그리스도가 되는 것이라고 가르치기 때문이다. 몰몬교 경전 중 하나인 「교리와 성약」 93:13-14은 그리스도가 신(神)이 되어가고 있다고 말한다.

"그리고 그가 처음에는 충만함을 받지 아니하셨으나 계속하여 은혜에 은혜를 받으시더니, 드디어는 충만함을 받으시더라. 그리고 이리하여 그는 하나님의 아들이라 일컬음을 받으셨으니, 이는 그가 처음에는 충만함을 받지 아니하셨음이더라."

「교리와 성약」 93:20-23은 인간이 그리스도가 되는 것임을 주장하고 있다. 몰몬교에서 그리스도는 인간이 앞으로 될 수 있는 어떤 것에 불과하다.

"이는 만일 너희가 나의 계명을 지키면, 너희는 그의 충만함을 받게 되고, 내가 아버지로 인해 영화롭게 된 것같이 나로 인해 영화롭게 될 것임이라. 그러므로 내가 너희에게 이르노니 너희는 은혜로 은혜를 받게 되리라. 그리고 이제, 진실로 내가 너희에게 이르노니, 나는 태초에 아버지와 함께 있었나니, 나는 장자니라. 또 나를 통하여 태어난 자는 모두 장자의 영광의 참여자요 장자의 교회니라. 너희도 또한 태초에 아버지와 함께 있었나니, 영 곧 진리의 영인 것이니라."(「교리와 성약」 93:20-23)

또한 몰몬교는 예수 그리스도의 속죄만으로는 구원을 받을 수 없다고 주장한다. 구원의 조건이 믿음과 '행위'인 것이다. 그리고 그리스도의 구속의 범위도 아담에 한정된다(원죄 부인). 몰몬교를 만든 조셉 스미스(Joseph Smith, 1805-1844)가 몰몬교 교리의 핵심을 정리한 「신앙개조」(信仰個條, Articles of Faith) 2조와 4조는 다음과 같다.

"우리는 사람이 아담의 범법으로 인하여가 아니라 그들 자신의 죄로 인하여 형벌을 받음을 믿는다."

"우리는 복음의 첫째 되는 원리와 의식은 첫째 예수 그리스도를 믿는 신앙, 둘째 회개, 셋째 죄사함을 위한 침수로써의 침례, 넷째 성신의 은사를 위한 안수례임을 믿는다."

이단 옹호」라고 붙였는데, 기사 중에 이런 내용이 나온다. "이러한 오스틴의 발언에 대해 한 독자는 '오스틴 목사가 이단에 대해 너무 순진한 생각을 가진 것 같다'며 '일반 연설가나 강사라면 모르겠지만 목사가 저런 발언을 했다니 심각한 문제라고 생각된다'고 지적했다."

위 기사의 초점은 '목사'라는 사람이 이단인 몰몬교에 대해 긍정적인 발언을 한 것이 문제라는 것인데, 이것은 핵심을 벗어난 지적이다. 왜냐하면 조엘 오스틴은 몰몬교 만큼이나 비(非)성경적인 단체의 교리를 추종하는 사람이기 때문이다. 다시 말해서 조엘 오스틴이라는 '정통' 교회 목사가 몰몬교를 옹호한 것이 아니라, 비성경적인 주장을 추종하는 '비정통' 목사인 조엘 오스틴이 몰몬교를 옹호했다는 것이 이 문제를 제대로 다루는 것이다.

한글번역판 [긍정의 힘]의 앞날개에 실린 저자 소개에 보면 "레이크우드교회는 조엘의 아버지 존 오스틴 목사에 의해 1959년 휴스턴의 한 버려진 사료 가게에서 탄생했다"라고 쓰여 있다.

조엘 오스틴을 알기 위해서는 그의 아버지 존 오스틴(John Osteen)에 주목해야 한다. 왜냐하면 존 오스틴은 정통교회가 아닌 비성경적 단체의 주요 인물이었기 때문이다. 국내외의 여러 자료를 종합해 볼 때 조엘 오스틴의 아버지 존 오스틴과 조엘 오스틴은 'Word of Faith'(WOF)라는 비성경적 단체의 교리를 추종하는 사람들로 파악된다.

조엘 오스틴과 Word of Faith Movement(믿음의 말씀 운동)에 대한 비판은 새로운 것도 특이한 것도 아니다. Word of Faith는 이미 '오래 전에' 비성경적 교리로 인해 문제가 된 단체이며, 이들의 교리를 비판한 책들도 여러 권 발행되어 있다. 대표적인 비판서가 20년 전인 1988년에 발행된 다니엘 레이 맥콘넬(Daniel Ray McConnell)이 쓴 [*A Different Gospel*]40)이다. 이 책은 맥콘넬이 1982년에 쓴 자신의 신학대학원 석사학위 논문이었던 「*The Kenyon Connection : A Theological Analysis of the Cultic Origins of the Faith Movement*」를 발전시킨 것이다.

맥콘넬은 이 단체의 주요 인물들의 이름을 소개하고 있는데, 존 오스틴, 케네스 해긴(Kenneth E. Hagin), 찰스 캡스(Charles Capps), 케네쓰/글로리아 코플랜드(Kenneth/Gloria Copeland), 메릴린 히키(Marilyn Hickey)가 그들이다.

[긍정의 힘]앞 표지에 보면 "믿는 대로 된다"라고 쓰여 있다. 그리고 "내 안의 긍정성이 행복과 성공을 부른다"라는 문구도 있다. 이 책 3장의 제목은 "나는 생각과 말의 힘을

---

40) (Hendrickson, 1988, 1995 Updated Edition).

발견한다"이다. 이 세 문장이 Word of Faith가 추종하는 '교리'임을 아는 사람은 많지 않다.

먼저 "믿는 대로 된다"라는 주장부터 살펴보자. Word of Faith는 사람이 '믿음'으로 고백의 '말'을 하면(그래서 이 단체 이름이 '믿음의 말씀'이다) 하나님은 사람이 믿는 그대로 되도록 해 주어야 한다는 주장을 한다.

이 단체는 '믿음'과 '말'을 '힘'으로 본다. 이들이 말하는 믿음은 하나님을 믿는다는 의미의 믿음이 아니다. 이들에게 믿음은 자신이 원하는 것을 무엇이든지 이루어지게 만들어 주는 힘이다. 조엘 오스틴은 이렇게 쓰고 있다.

"말에는 엄청난 힘이 숨어 있고, 좋은 말이든 나쁜 말이든 간에 우리는 자신의 의지와 상관없이 말에 생명을 부여하게 된다…말은 씨앗과 비슷하다. 입 밖으로 나온 말은 우리의 무의식 속에 심어져 생명력을 얻는다. 그리고 뿌리를 내리고 자라서 그 내용과 똑같은 열매를 맺는다. 우리가 긍정적인 말을 하면 우리 삶은 긍정적인 방향으로 펼쳐진다. 부정적인 말은 부정적인 결과를 낳는다. 패배와 실패를 말하면서 승리의 삶을 살려고 애써봐야 아무 소용 없다. 뿌린 그대로 수확할 뿐이다. 조그마한 방향키가 배 전체의 방향을 통제하듯, 우리의 혀도 우리 삶의 방향을 좌지우지한다. 습관적으로 실패의 말을 내뱉는 사람은 불행한 삶을 살 수 밖에 없다."41)

이들은 이것을 "영적 원리", "우주적 법칙"이라고 믿는다.

"말에는 엄청난 창조의 힘이 있다. 우리가 뭔가를 입으로 말하는 순간에 말의 내용이 생명을 얻는다. 이것은 영적 원리다."42)
"말대로 이루어지는 것이 하나님의 우주적 법칙이므로 이 영적인 법칙에 의거해서 우리가 마음으로 믿고 입술로 고백하고 주장하면 그 말씀이 우리에게 치유를 가져다주고, 물질적 필요가 채워지게 하고, 염려와 두려움을 물리치고, 위로와 지혜와 인생의 승리를 가져다준다는 것입니다."43)

또한 이 법칙은 '말'을 할 수 있는 존재라면 누구라도 사용가능한 온 우주를 지배하는 법칙이므로 인간도 하나님과 동일한 창조능력을 소유하고 있다고 주장한다. 하나님의 천

---

41) 조엘 오스틴, [긍정의 힘], pp.146-147. Word of Faith 추종자들 중에서 '말씀의 고백의 능력'을 가장 강력하고 분명하게 주장한 사람이 찰스 캡스이다. 찰스 캡스, [혀의 창조적 능력을 사용하라], 오태용 역, (베다니출판사, 2004).
42) 조엘 오스틴, 같은 책, p.153.
43) 찰스 캡스, 같은 책, 앞날개.

지창조는 이 법칙을 사용한 것이며, 인간도 이 법칙을 사용해 실체를 만들어내는 창조를 할 수 있다는 주장이다.

"인간은 하나님의 형상과 모양으로 창조되었습니다. 하나님의 입에서 나온 것은 창조적 능력이 있었으며 당신은 하나님의 형상으로 지음을 받았습니다. 그러므로 성경과 예수께서 말씀하신 바에 의하면, 당신 속에는 그와 똑같은 능력이 내재해 있습니다."[44]

"인간은 하나님의 종(種) 안에서 지음을 받았습니다. 그러기에 같은 종류의 믿음으로 역사를 일으킬 수 있습니다."[45]

이런 주장은 인간이 믿음으로 고백한 것은 무조건 이루어져야 하는 것이 우주 법칙이니까, 이 법칙에 종속되어 있는 하나님도 그리스도인들이 믿는 것은 무조건 성취시켜 주어야 한다는 주장으로 나아간다. 이것이 "믿는 대로 된다"의 의미이다. 하나님도 복종해야 하는, 하나님 보다 높은 위치에 있는 법칙이 존재한다는 신성 모독적 주장이다.

찰스 캡스는 이렇게 주장한다. "하나님의 말씀을 선포하는 것은 하나님으로 일하시게 하는 것입니다."[46] 조엘 오스틴은 2004년 5월 2일에 "하나님은 인간을 위해 세상에서 일할 허

---

44) 찰스 캡스, 같은 책, p.30.
45) 찰스 캡스, 같은 책, p.216.
46) 찰스 캡스, 같은 책, p.172.

가를 받아야만 한다. 당신이 바로 그 조정을 할 수 있다. 그 힘과 권한은 사람이 갖고 있다. 하나님은 더 이상 가지고 있지 않다"라고 설교했다. 인간의 믿음과 말에 하나님은 무조건 반응해야 하며 복종해야 한다는 것이다. 이들의 교리에 따르자면 하나님께는 '주권'이 없다.

찰스 캡스는 하나님이 자신의 모든 주권을 인간들에게 위임했다고 주장한다.

"창세기 1장 26절을 보십시오. '하나님이 가라사대 우리의 형상을 따라 우리의 모양대로 우리가 사람을 만들고 그로 바다의 고기와 공중의 새와 육축과 온 땅과 땅에 기는 모든 것을 다스리게 하자 하시고. 그런 다음 하나님께서 이 땅을 다스릴 권세를 인간에게 위임하셨습니다. 그는 아담을 창조하시고, 그 권세를 아담에게 주시면서, '이제는 너가 땅을 다스려라'고 말씀하셨습니다."47)

"1973년 8월에 주님께서 다음과 같은 깨달음을 주셨습니다. '만일 사람들이 나를 믿는다면 긴 기도는 필요하지 않다. 그저 하나님의 말씀을 말하고 선포하면 바라는 바가 오게 되어 있는 것이다. 나의 창조적인 능력은 말씀의 형태로 사람에게 주어져 있다. 내가 얼마 동안 내일을 쉬고 나의 창조적인 능력의 책을 사람에게 주었다. 그 능력은 여전히 나의 말씀 안에 있다.'"48)

---

47) 찰스 캡스, 같은 책, p.23.
48) 찰스 캡스, 같은 책, p.225.

E. W. 케년

"나는 생각과 말의 힘을 발견한다"라는 문장은 앞에서 설명한 Word of Faith의 교리를 요약한 것이다. 이 교리를 만든 사람이 E. W. 케년(E. W. Kenyon)인데, 그는 말이라는 것은 그 자체에 말한 내용이 이루어지게 만드는 힘이 내재되어 있다는 주장을 하며 이 운동을 시작했다. 사람이 내뱉는 모든 말들은 그대로 이루어지게 된다는 것이다. 부정적인 말은 부정적인 결과를 가져오고, 긍정적인 말은 긍정적인 결과를 가져온다는 주장이다. 그렇기 때문에 사람은 부정적인 말을 절대 해서는 안 되며 의도적으로 긍정적인 말만 해야 한다는 것이다. '믿음'이라는 '힘'은 '말'을 통해 효력이 발생한다는 것이 이 단체의 교리적 기반이다.

긍정적인 생각과 긍정적인 말의 힘에 대한 조엘 오스틴의 강조와 [긍정의 힘]이라는 책 제목은 이런 교리를 반영하고 있는 것이다(믿음의 말씀 운동의 또 다른 이름이 '긍정적 고백 운동'Positive Confession Movement이다). 노먼 빈센트 필의 적극적 사고(positive thinking), 로버트 슐러의 가능성 사고(possibility thinking)도 마찬가지 주장이다.

다음으로 "내 안의 긍정성이 행복과 성공을 부른다"라는 주장을 살펴보자. 이 문장은 Word of Faith의 정체를 가장 잘 보여준다. 결국 이 단체가 추구하는 목적이 무엇인지를 명확하게 보여주고 있기 때문이다.

그것은 바로 행복, 물질적인 성공, 건강, 풍요, 번영이다. Word of Faith가 'Health and Wealth Gospel'(건강와 부富의 복음)49)이라고 비난 받는 이유가 바로 이것이다.

조엘 오스틴은 이렇게 말한다.

"당신이 이 책의 일곱 단계를 적용하면 전보다 더 큰 행복을 얻으리라 믿어 의심치 않는다."50)

"앞으로 소개할 원칙을 따르면 '지금 당장' 행복과 만족이 찾아 올 것이다."51)

"우리는 이미 한계에 도달했다는 고정관념에 사로잡혀 허우적대는 경우가 많다. 하지만 하나님은 우리가 끊임없이 더 높은 단계로 자라나길 원하신다. 하나님의 지혜를 주시고 올바른 결정을 내리도록 도와주신다. 막대한 부와 승진의 기회, 참신한 아이디어, 창의력을 주고자 하신다."52)

---

49) Bruce Barron, [*The Health and Wealth Gospel: What's Going on Today in a Movement That Has Shaped the Faith of Millions*] (IVP, 1987).
50) 조엘 오스틴, 같은 책, p.11.
51) 조엘 오스틴, 같은 책, p.12.
52) 조엘 오스틴, 같은 책, p.17.

"우리는 낮은 수준의 삶과 비좁은 사고방식의 틀에서 좀처럼 벗어나지 못한다. 하나님이 오래 전부터 우리를 위한 선물을 수북이 쌓아 놓고 계신 것도 모르고 말이다."[53]

"우리는 하나님의 형상을 따라 지음 받았다. 우리가 태어나기도 전에 하나님은 풍요롭고 행복하고 건강하고 온전한 삶을 살도록 우리를 프로그램 하셨다."[54]

찰스 캡스는 이렇게 쓰고 있다.

"병이나 통증이 당신의 몸에 붙으려고 할 때 다음과 같은 고백을 하십시오. '나는 그리스도의 몸이다. 나는 저주에서 속량 받았다. 그러므로 어떠한 질병도, 통증도 내 몸에서 역사하는 것을 금하노라. 내 몸의 모든 기관, 모든 조직은 하나님께서 처음 창조하신 그 기능대로 완전한 기능 발휘를 할지어다. 내 안에 계신 이가 세상에 있는 이보다 더 크심이니라."[55]

"신체적으로, 영적으로, 재정적으로 당신의 번영이 틀림없다는 하나님의 말씀과 일치시키십시오. 요한삼서 2절은 이렇게 말합니다. '사랑하는 자여 네 영혼이 잘됨같이 네가 범사에 잘 되고 강건하기를 내가 간구하노라.'"[56]

Word of Faith는 하나님의 뜨거운 열망, 즉 최고 관심사

---

53) 조엘 오스틴, 같은 책, p.35.
54) 조엘 오스틴, 같은 책, p.137.
55) 찰스 캡스, 같은 책, p.72.
56) 찰스 캡스, 같은 책, p.176.

가 인간의 번창, 번성, 형통이라고 말하고 있다. 물론 이런 주장은 기독교 복음이 아니다. 이것은 기독교를 빙자한 인본주의(人本主義)이다. 사도 바울의 삶을 살펴보면 이런 주장이 거짓임이 즉시 드러난다. "수고하며 애쓰고 여러 번 자지 못하고 주리며 목마르고 여러 번 굶고 춥고 헐벗었노라 옥에 갇히기도 더 많이 하고 매도 수없이 맞고 여러 번 죽을 뻔하였으니"(고후11:23-33).

그리스도인들이 번창하고 번성하고 형통하게 사는 것이 하나님의 소원이며 인간이 당연히 누려야 할 권리라는 가르침, 즉 부자로 살지 못하는 것은 그리스도인답지 못한 것이라는 주장은 사도들과 기독교 진리를 모욕하는 것이다. "돌로 치는 것과 톱으로 켜는 것과 시험과 칼에 죽는 것을 당하고 양과 염소의 가죽을 입고 유리하여 궁핍과 환난과 학대를 받았으니"(히 11:37).

찰스 캡스는 말은 언제나 누구를 통해서나 역사하는 영적인 법칙이라고 주장하면서,[57] 그리스도인보다 이 영적인 법칙을 잘 알고 있어 부유하게 살아가는 악한 사람을 본받으라고 주장한다.

---

57) 찰스 캡스, 같은 책, p.219("이상과 같은 믿음의 원리들은 영적인 법칙에 근거한 것입니다. 그것은 이 법칙을 적용하는 사람이면 누구에게나 역사합니다").

"만일 당신이 이웃집 악한 사람들의 말에 귀를 기울인다면 당신은 다른 고백의 말을 듣게 될 것입니다. 매일 그들은 부요를 믿고 고백하고, 부요를 만들고, 부요를 누리며 삽니다. 물론 그들이 악합니다. 하지만 그들은 자기네가 부요할 것을 믿습니다. 그들은 그들이 하는 말로써 그들 자신 안에 믿음의 이미지를 구축합니다. 그들이 말하는 것을 듣는 많은 그리스도인들은 그들이 단순히 부요를 믿고 그것을 실천할 때 그걸 그저 허풍떠는 정도로만 생각합니다. 예수님께서 친히 말씀하시기를 세상의 자녀들이 천국의 자녀들보다 더 지혜롭다고 하셨습니다. 부도덕한 사람들이라구요-물론 맞습니다. 하지만 하나님은 사람을 차별하지 않습니다. 그들은 말의 능력을 배운 것입니다."58)

이들의 교리는 결국 부와 건강을 얻기 위한 것이다. 이들의 하나님은 인간을 잘 먹고 잘 살고 편안하게 만들어 주는 것을 사명으로 여기는 신이다. 물론 그 하나님은 성경의 하나님과 아무 상관이 없다. 그들은 인간들의 필요를 채워주기 위해 존재하는 신, 인간들에게 지금 당장 축복을 가져다주는 신을 원하는 것이다. 앞서 언급한 옥한흠 목사의 "교인들이 그저 무엇이나 믿고 구하면 이룬다는 소원성취의 말이나 좋아하고, 예수 믿는 목적이 마치 무병장수에 있는 것처럼 큰소리로 외치고 있다"는 설교는 Word of Faith의 목적을 잘 비판했다고 볼 수 있다.

---

58) 찰스 캡스, 같은 책, p.231.

Word of Faith의 교리가 앞서 언급한 신사상 운동의 주장과 일치함을 알았을 것이다. 맞다. 사실 믿음의 말씀 운동은 신사상 운동의 부활에 불과하다. Word of Faith를 만든 E. W. 케년이 바로 이 신사상(크리스천 사이언스) 추종자였다. Word of Faith의 뿌리는 기독교가 아니라 바로 크리스천 사이언스인 것이다.

크리스천 사이언스와 Word of Faith의 주장이 유사하다는 사실은 Word of Faith 추종자들도 경험한 것이다. 찰스 캡스는 이렇게 쓰고 있다.

"당신이 말하는 것이 병과 아픔을 일으킬 수 있습니다. 또 그것을 막을 수도 있습니다. 당신은 당신의 입의 말로 당신의 몸에서 병과 아픔을 몰아낼 수 있습니다. 누군가가 말했습니다. '그건 꼭 적극적인 사고나 크리스천 사이언스 같네'"[59]

영상화는 신사상 운동, 믿음의 말씀 운동, 뉴 에이지 운동, 인간 잠재력 운동(Human Potential Movement)의 공통분모이다. 인간의 능력으로 어떤 사건을 일으킬 수 있고, 원하는 것을 생각을 통해 만들어낼 수 있다면 인간은 더 이상 인간이 아니라 '창조주'인 것이다. 조엘 오스틴도 영상화를 주장

---

59) 찰스 캡스, 같은 책, p.70.

한다.

"마음에 품는다는 것은 마음속에 원하는 삶의 이미지를 그리는 것이다. 우리는 여기서 멈추지 말고 이 이미지를 자신의 일부로 삼아야한다. 생각과 대화, 깊은 잠재의식, 행동을 비롯해서 자기 존재의 모든 부분에 이 이미지를 심어야 한다. 패배와 실패의 이미지를 그리는 사람은 실패자의 인생을 살게 된다. 그러나 승리와 성공, 건강, 풍요로움, 기쁨, 평화, 행복의 이미지를 떠올리는 사람은 아무리 큰 장애물이 있더라도 반드시 그런 인생을 살게 된다."[60]

[시크릿]을 살펴보자.
"당신은 영원한 생명이다. 인간의 형상으로 화한 신이요, 완전한 존재다."[61]
"경전에 따르면 인간은 신의 형상에 따라 신과 같이 창조되었다고 할 수 있다."[62]
"당신은 육체 안에 존재하는 신이다. 육신을 입은 영혼이다. 당신이라는 형상으로 모습을 드러낸 영원한 생명이다. 광활한 존재다. 완전한 힘이요, 완전한 지혜이고, 완전한 지능이며, 완전한 웅장함이다. 당신은 창조자로서, 당신이라는 창조물을 창조하고 있다."[63]

---

60) 조엘 오스틴, 같은 책, pp.16-17.
61) 론다 번, 같은 책, pp.194.
62) 론다 번, 같은 책, p.194.
63) 론다 번, 같은 책, p.195.

찰스 해낼의 주장을 보자.

"인간의 내부에 그토록 위대한 힘이 있다는 사실이, 자신도 모르는 초월적인 기능이 있다는 사실이 놀랍지 않은가? 항상 힘과 능력을 '외부'에서만 찾으라고 배운 것이 이상하지 않은가? 우리는 '내부'를 제외한 모든 곳에서 찾으라고 배웠고, 이 힘이 나타날 때마다 초자연적이라는 이야기를 들었다."64)

끌어당김의 법칙을 대중화 시킨 에스더 힉스와 제리 힉스는 다음과 같이 말하고 있다 "당신은 창조주입니다."65)

"당신이 자신의 기분에 의식적으로 예민하게 주의를 기울여 감에 따라, 당신은 근원 에너지를 자신이 원하는 방향으로 지휘해가는 것에 더욱더 숙달되어져가게 될 것이며, 그래서 당신은 노련하면서도 유쾌한 의식적 창조주로 거듭나게 될 것입니다."66)

이들은 [뉴 비기닝]67)에서도 동일한 주장을 한다. 이 책 4장 제목이 "내가 내 삶의 창조자"이다. 앞표지에는 이렇게 적혀 있다. "생각은 반드시 현실이 된다!"

---

64) 찰스 해낼, 같은 책, p.105.
65) 에스더 힉스, 제리 힉스, [당신의 모든 소망을 실현시켜줄 마법의 열쇠], 장연재 역, (샤우드미디어, 2006), p.102.
66) 에스더 힉스, 제리 힉스, 같은 책, p.155.
67) 에스더 힉스, 제리 힉스, [뉴 비기닝], 서수정 역, (시골생활, 2008).

에스더/제리 힉스는 [당신의 모든 소망을 실현시켜줄 마법의 열쇠]에서 자신들의 책은 자신들이 쓴 것이 아니라 "명확히 심오한 지혜와 사랑으로 넘쳐나는 비물리적 스승들의 그룹인 아브라함"[68]이 불러준 것이라고 말하고 있다.

"난 아브라함이예요. 난 당신의 영적 안내자입니다. 난 당신과 함께 일하기 위해 여기에 왔답니다. 당신을 사랑합니다. 우리는 함께 어떤 책을 쓰게 될 것입니다."[69]

나폴레온 힐도 [마음의 평화로 부자되기]에서 보이지 않는 영적 존재들에게서 배운 내용이 자신의 책들의 주장이라고 말하고 있다. 그는 그들이 자기에게 '최고의 비밀'(신사상 운동의 교리)을 사람들에게 전하라고 했다고 밝히고 있다.[70]

여기서의 "비밀"은 론다 번의 "시크릿"과 동일한 것이다. 인간의 생각(정신)에 무한한 잠재력이 있어 원하는 것을 현실로 만들어 준다는 것이다.

---

68) 에스더 힉스, 제리 힉스, [당신의 모든 소망을 실현시켜줄 마법의 열쇠], p.298.
69) 에스더 힉스, 제리 힉스, 같은 책, p.36.
70) 뒤에서 살펴보겠지만 '보이지 않는 위대한 스승들'의 존재를 믿는 믿음은 거의 모든 사이비 종교와 비밀결사회, 오컬트의 공통적인 주장이다.

Word of Faith의 가장 핵심적인 고리가 바로 '인간이 신으로 창조되었다'는 주장이다. Word of Faith 추종자인 베니 힌(Benny Hinn)은 이렇게 주장한다. "여러분의 성(last name)이 무엇인지 아십니까? 여호와입니다. 그러므로 나는 베니 여호와입니다."71)

Word of Faith 추종자들은 하나님이 인간에게 정복하고 다스리라고 한 것을 하나님이 인간을 신으로 창조한 것이라고 해석한다. 이들이 이해하는 타락은 이 세상 신으로 창조된 아담이 타락하여 아담(인간)의 지배권이 사단에게 넘어갔다는 것이다. 그러므로 인간은 사단에게서 그 지배권을 다시 찾아 이 세상 신으로 통치해야 한다는 것이다.

"좌우간 아담이 그 실과를 먹고 그 권세와 능력을 원수에게 넘겼습니다. 그때부터 사단이 이 세상 신이 되었습니다. 그러나 예수 그리스도가 오셔서 그 권세와 능력을 우리에게 되돌려 주셨습니다. 하나님의 말씀이신 예수가 육신을 입고 오신 것입니다."72)

예수 그리스도의 성육신 목적이 인간의 구원이 아니라, 인간을 본래의 위치인 신으로 회복시키는 것이라는 황당한 주

---

71) 1990년 5월 2일에 캘리포니아에 있는 Jubilee Christian Centre에서 있었던 영적 전쟁 세미나에서 한 발언.
72) 찰스 캡스, 같은 책, p.24.

장이다.

Word of Faith의 인간관은 인간의 속성에 대한 뉴 에이지 운동의 견해와 일치한다. 뉴 에이지 운동의 인간관이 바로 '인간은 신'이기 때문에 인간 스스로가 자신의 삶의 주인이며, 미래를 창조할 수 있다는 주장이기 때문이다. 케네스 코플랜드는 이렇게 설교했다.

"하나님은 하나님이다. 그는 영이다…그런데 그는 여러분이 중생했을 때 여러분 안에 전달되었다. 베드로는 이것을 분명한 것처럼 말했다. '우리는 신의 성품에 참예하는 자라.' 이 성품은 절대적 완전성 가운데 살아 있고 영원하다. 그런데 이 성품이 여러분의 영적 인간 속에 전달되고 주입되어 여러분은 여러분의 자녀에게 인성을 전달하는 것과 똑같이 하나님에 의해 여러분 속에 전달된 신성을 소유하고 있다. 여러분의 자녀는 고래로 태어나지 않고 인간으로 태어난다…자, 이제 여러분은 인간을 소유하고 있지 않은가? 그렇지 않다. 여러분은 하나님이다. 여러분은 여러분 안에 신을 소유하고 있는 것이 아니다. 여러분은 하나님이다."73)

찰스 캡스도 동일한 주장을 한다.

"만일 당신이 '신의 성품에 참예한 자'라면, 그리고 하나님께서 말씀

---

73) 월터 마틴, [뉴 에이지 이단 운동], 박영호 역, (기독교문서선교회, 1992), p.88.

하셔서 피조물이 생기게 되었다면 당신이 믿음으로 어떤 것들을 말하기 시작할 때 무슨 일이 일어날 것이라고 생각합니까?"74)

Word of Faith는 이렇게 명백히 성경적 믿음의 개념을 왜곡한다. 믿음의 대상이신 하나님을 믿는 것이 아니라, 믿음이라는 힘을 믿는다. 또한 하나님을 주권자로 보는 것이 아니라 우주 법칙에 종속된 존재로 본다. 이들에게 있어 신은 하나님과 같은 종으로 창조된 인간 자신이다. 조엘 오스틴의 [긍정의 힘]은 이런 교리를 배후에 깔고 있는 책이다. 조엘 오스틴의 책은 성경적인 용어로 포장된 비성경적인 책이다.

---

74) 찰스 캡스, 같은 책, p.62.

제 2 장 영지주의와 신지학회

- 파울로 코엘료의 [연금술사]
- 유다복음과 영지주의
- 헬레나 블라바츠키와 신지학회
- 프리메이슨과 영지주의

■ 파울로 코엘료의 [연금술사]

　명상 서적들은 언제나 인기가 있다. 치열한 자본주의 사회에서 피곤한 삶을 살아가는 사람들은 그런 책들을 통해 위로와 자기만족을 얻는다. 이런 책들은 마음이 청결해지고 있다는 만족감과 정신의 질(質)이 향상되고 있다는 확신을 느끼게 해준다.

　요즘 유행하고 있는 템플 스테이(Temple Stay, 산사체험) 같은 프로그램을 보면 알 수 있듯이 현대인들은 뭔가 '탈속적'(脫俗的)인 것에 끌린다. 인기를 끄는 명상서적들은 이런 산사체험과 같은 탈속적이고 신비적 분위기를 연출한다. 그러나 이런 책들은 삶의 문제에 대한 근본적인 문제 제기와 해결책이 아니라 달콤한 위안만을 제공하고, 현실에 대한 치열한 고민보다는 몽상(夢想)으로의 도피를 제공할 뿐이다(초월적 회피주의).

국내에서 오랫동안 인기를 구가하고 있는 베스트셀러 [연금술사]의 저자 파울로 코엘료의 소설들도 이런 류에 속한다. 코엘료의 소설들은 듣기 좋은 말들과 비현실적이고 몽환적(夢幻的)인 세계의 범벅이다.

그의 소설들은 인간의 잠들어 있는 영혼을 깨우고, 기존의 것에 저항하고, 신(神)의 경지에 이르도록 자아를 추구하고, 정화(淨化)된 혼을 소유하기 위해 노력하라고 말한다. 명상을 통해 새로운 세계를 맛보고, 우주와의 합일(合一)을 꿈꾸며, 새로운 차원에 도달하기를 갈망하고, 우주의 에너지를 자기 것으로 만들라고 권유한다. 내적(內的) 직관력을 키우고, 동서양 지혜의 전통을 계승하며, 선과 악의 이분법을 뛰어 넘고, 만물은 하나라는 일원론적 실재관을 가지고 살 것을 역설하고, 성적(性的)쾌락을 통해 자기초월이 가능하다고 주장한다.

사실 이런 이야기들은 아주 익숙한 것들이다. 이것은 다양한 신비주의의 몽환적 교리들이기 때문이다. 코엘료의 소설들은 아주 오래된 신비주의의 주장들을 현대에 되살린 것에 불과하다. 비좁고 짜증나는 현실을 벗어나기 위해 안간힘을 썼던 신비주의자들처럼 코엘료는 주술적(呪術的) 방법으로 탈속을 추구하고 있는 것이다(그는 마법과 텔레파시, 명상, 연금술에 심취한 사람으로 이런 분야의 스승들을 찾아다녔었다).

소설 [연금술사]는 수피교(Sufism)의 동화를 바탕으로 한 소설이다. 수피교는 헤르메스주의(Hermeticism)에 자신의 기원을 두는 이슬람 신비주의이다.75) 수피교는 아라비아 계통과 페르시아/터키 계통으로 분류되는데 후자는 인간과 신이 밀착되어 있음을 강조한다.

수피교의 목표는 인간이 신과 하나가 되어(이즈티마, ijtimā) 신만으로 자신을 채우고, 그 상태를 영원히 지속시켜(바까, baqā) 인간의 자아를 소멸시키는 것(화나, fanā)이다.

이들은 자아 제거를 위해 스승(쉐이크, sheikh)의 명령에 따라 단식과 철야 기도와 같은 수련을 했다. 영적 진보가 목표였던 이들은 영적 수준의 단계(마깜, maqam)를 정했고, 그것을 통과해야 신과의 합일이 가능하다고 생각했다.

---

75) 티모시 프레케, 피터 갠디, 같은 책, p.17("자신들의 기원을 세 배나 위대한 헤르메스에 두었던 이슬람 제국 내의 또 다른 비정통적인 집단이 있었는데, 이들은 수피교도Sufis라고 알려진 시인과 신비주의자들이었다.")

수피가 되기 위해 입문한 사람인 무리드(murid)는 3년 동안 스승의 가르침을 의무적으로 받아야 하는데, 이것을 마치면 끼르까(khirqa)라는 외투를 받게 된다. 이것은 3년간의 수행을 통해 높은 상태의 영적 수준에 도달하여 마으리파(ma'rifah), 즉 '영지'(靈知)를 소유하게 되었다는 것을 의미한다.

코엘료의 소설에서 중요하게 자리 잡고 있는 개념이 바로 전수(傳授)와 전통(傳統)이다. 코엘료는 스승의 가르침을 중요시하는데, 이는 모든 신비주의 단체에서 발견되는 통과의례이다. 전수를 통해 스승의 영지가 제자에게 이어지는 것이다. [연금술사]에 나오는 안내자는 수피교의 스승인 쉐이크와 비슷하다.

전수는 전통을 통해 내려오기에 또한 전통이 중시 된다. 이 전통은 [연금술사]에서는 수피교의 지식이고, [피에트라 강가에서 나는 울었네]에서는 로마 가톨릭의 지식이다. 이외에도 켈트교의 지식, 마법에 대한 지식, 여신(女神)에 대한 지식이 나온다.

코엘료의 소설들은 이런저런 신비주의자들의 주장을 그대로 가져다가 '도사(道士)' 분위기를 내고 있다. 수많은 신비주의의 주장들이 모두 모여 있으니 신비감을 불러일으키는 분위기 조성에 밀리지 않는다. 사람들은 이런 뉴 에이지 신비주의에 취해 막연하고 엉성한 신비감에 사로잡힌 채 탈속과 해탈을 꿈꾸고 있다.

코엘료의 소설에 감동을 받고 열광하는 사람이 많다는 것은 그만큼 우리 시대의 사람들이 몽롱한 정신 상태에서 살아간다는 것을 말해주는 것이고, 옳고 그름에 대한 분별력을 상실했다는 것을 보여주는 것이다.

자기 마음대로 영적인 것을 추구하고, 신비감에 사로잡히는 것은 아주 위험한 일이다. 현 시대처럼 사이비 영성(靈性)과 뉴 에이지 신비주의가 큰 세력을 형성하고 있는 때에는 더더욱 분별이 필요하다.

아담의 타락으로 인해 원죄를 물려받은 인류는 영적으로 올바른 것을 선택할 능력이 없다. 사람은 진리를 택하기보다 자기 구미에 맞는 것을 택하려고 한다. "이 세상 신"인 사단이 "믿지 아니하는 자들의 마음을 혼미케"(고후 4:4) 한다. 하나님을 떠난 인간들은 계속 코엘료의 세계관과 같은 허술하고 미신적(迷信的)인 신비감에 질질 끌려 다닐 것이다.

사람들은 '사실'이 아닌 '망상'에 홀려있다. 사람들이 아무리 제각각 '현실은 이러하다', '현실은 이렇게 해야 해명될 수 있다'라고 말해도 그것이 '사실'('심리적' 사실이 아닌 '진짜' 사실)이 아니라면 아무 소용이 없다. 세상은 전혀 그렇지 않은데 자기 혼자 그렇다고 생각하는 것은 망상에 불과하다.

코엘료가 자신의 책들을 통하여 주장하는 것들은 모두 비현실적인 것이다. 그가 모든 사람의 안에 있고, 그것을 발전시키면 엄청난 에너지가 될 것이라고 믿는 '내적인 빛'에 대한 소망은 망상이다. 인간은 대단한 존재가 아니다. 인간의 희망은 인간 자신에게 있는 것이 아니라 하나님의 약속에 있다. 코엘료의 탈속은 '세속'의 다른 이름에 불과하다.

■ 유다복음과 영지주의(靈知主義, Gnosticism)

2006년에 [유다복음](The Gospel of Judas)이라는 문서가 공개되어 작은 소동이 있었다. 「유다복음」은 예수가 유다에게 자신을 팔라고 했으며, 그로 인해 유다가 지도자의 위치에 서게 될 것이라는 내용을 담고 있다. 육체를 경멸하는 영지주의자들에게는 예수가 죽는다는 것은 육체를 벗어나는 것을 의미하기에 최고의 사건으로 보는 것이고,76) 그러기에 유다는 참 제자가 되는 것이다.

영지주의는 동서(東西) 문화의 혼합을 특징으로 했던 후기 헬레니즘 시대의 산물이다. 그리스적 요소에 비(非)그리스적인 동양 종교가 혼합되어 나타난 신흥 종교가 바로 영지주

---

76) 영지주의는 근본 하나님과 물질은 영원히 대립 관계에 있다고 본다. 악한 물질인 육신을 벗어버리는 것은 영지주의자들에게 구원의 시작이다.

의인데, 이 사상은 기독교를 이교화(異敎化)하려는 시도도 했었기에 초기 기독교 시대의 '이단'으로 분류된다. 기독교적 영지주의는 이교주의 철학과 종교를 기독교와 혼합시킨 것이었다. 디모데서, 고린도서, 골로새서를 통해 알 수 있듯이 영지주의는 초기 교회의 대표적인 이단이었고, 초기 교회는 이 이단과 싸웠다.

2006년에 영지주의를 강력히 옹호하는 책이 국내에서 번역 출간되었다. 스티븐 휠러(Stephan A. Hoeller)가 쓴 [이것이 영지주의다 : 기독교가 숨긴 얼굴, 영지주의의 세계와 역사](Gnosticism)[77]가 그것인데, 저자는 미국 LA에 있는 '영지 교회'의 사제이며, 영지주의의 부흥을 꾀하는 인물이다.

스티븐 휠러

이 책은 영지주의는 이단이 아니라 "신앙이나 철학에서 보통 접할 수 있는 것보다 훨씬 더 고귀한 지식, 훨씬 더 심

---

77) 스티븐 휠러, [이것이 영지주의다 : 기독교가 숨긴 얼굴, 영지주의의 세계와 역사], 이재길 역 (산티, 2006).

오한 통찰을 구체화한 것"78)이라 주장하면서, "지난 천년은 시대의 질문을 감당해 내지 못한 수많은 이데올로기들이 철저히 붕괴되는 것으로 끝을 맺었다. 하지만 영지주의 현자들은 인간이 처한 곤경과 관련한 질문에 명석하고 솔직하고 믿음성이 있으며 오늘날에도 여전히 타당한 답변을 주고 있다. 우리는 그 점에 깊은 감명을 받고 이내 확신을 갖게 될 것이다"라고 쓰고 있다.

영지주의는 이단이 아닌데도 불구하고 "이단이라고 경멸과 박해를 받은"79) 것이고, "영지주의를 바라보는 대다수의 저자와 설교가의 시각은 너무나 오랫동안 영지주의가 이단이라는 편견에 물들어 있었다"80)고 쓰고 있다.

저자는 정통 기독교를 "적들", "광신자들"81)이라고 부르고 있고, "영지주의자와 영지주의를 공격한 옛 이단 연구자들의 설명은 대부분이 믿을 만하기는커녕 지금에 와서 볼 때 어

---

78) 스티븐 휠러, 같은 책, p.30.
79) 스티븐 휠러, 같은 책, p.18.
80) 스티븐 휠러, 같은 책, p.27.
81) 스티븐 휠러, 같은 책, p.27.

리석기까지 하다"82)라고 쓰고 있다. 물론 저자의 주장은 사실이 아닙니다. 영지주의를 이단으로 보는 것은 편견이 아니라 명백한 사실을 말하고 있는 것이기 때문입니다.

영지주의자 스티븐 휠러가 말하는 영지주의 세계관은 다음과 같다.

"영지주의는 인간이 본질적으로 물질세계의 결과물이 아니라고 여긴다.…그들은 인간의 몸이 지상에서 생겨나고 인간의 영은 아득히 먼 곳, 진정한 근본 하느님Godhead이 머물고 있는 충만Fullness의 세계에서 온다고 믿었기 때문이다. 인간은 썩어 없어지고 말 육체적·심리적 요소들과 함께 신적 본질의 파편적인 영적 요소—때로 신의 불꽃이라 불리는—로 이루어져 있다.…사람들은 대부분 자신들 안에 깃들어 있는 신의 불꽃을 알아차리지 못한 채 살아간다. 이런 무지로 인해 사람들은 빛의 불꽃을 노예 상태로 가두어두는데, 그렇게 함으로써 우주의 노예주 노릇을 하는 아르콘들의 이익에 봉사하게 된다.…현대 비교 전통의 스승들, 특히 게오르기 구르지예프Georgei Gurdjieff 같은 이는 이런 영지주의 개념을 받아들여 인간을 몽유병자 무리라고 표현하기도 한다.…영지주의는 아주 분명하고 정교한 구원론을 전한다. 잠자는 인간의 영은 신의 사람들 혹은 빛의 사자使者들을 통해 전해진 저 궁극의 신성한 존재의 부름에 의해 깨어나기 시작한다. 그런 존재들은 전 역사를 통해 참 하느님으로부터 온다. 그들은 영혼들을 다시 불러들이기 위해 최고의 영적 세계에서 내려온다."83)

---

82) 스티븐 휠러, 같은 책, p.27.

영지주의 신화84)에 따르면 이 물리적 세상은 저급한 신이 진정한 근본 하나님의 허락 없이 창조한 것이다. 참 하나님은 이에 대한 조치로 인간에게 신적 본질을 주었는데, 인간은 이것으로 인해 저급한 신과 그가 만든 세계의 정체를 알게 되어 참신이 거하는 빛의 왕국인 플레로마(*pleroma*)로 돌아갈 수 있게 된다. 저급한 신이 하는 일은 인간의 신적 본질과 참 신의 존재를 알아차리지 못하게 하는 것이다. 영지주의자들은 성경의 야웨 하나님을 저급한 신으로 보았다. 야웨 하나님은 저급하고 악한 물질세계를 창조했기에 참 하나님이 아니라는 것이다.

영지주의가 무엇인지를 구체적으로 알기 위해서는 1945년에 이집트 나그 함마디에서 발견된 나그 함마디 영지주의 문서(*Nag Hammadi Gnostic Library*)를 살펴보아야 한다.

이 문서는 정통 기독교의 교리를 일관되게 경멸하며 성경을 왜곡(재해석)하고 있다. 이것이 바로 영지주의의 목표이다. 예를 들어보자.

---

83) 스티븐 횔러, 같은 책, pp.37-39. 영혼들을 다시 불러들이기 위해 내려온 존재들 중 하나가 예수이다.
84) 영지주의는 자신들의 주장을 신화(神話)를 통해 표현한다. 영지주의는 기존의 다양한 신화들(신·구약 성경도 포함된다)에 대한 '재해석'을 신화의 형태로 보여준다.

나그 함마디 영지주의 문서

"정통적인 관점에서 이브의 실수는 그 나무의 과실이 자신과 아담을 지혜롭게 하고 영생하게 만들 것이라고 꾄 사악한 뱀의 말을 들은 것이다. 영지주의 나그 함마디 문서에 속한 경전 <진리의 증언 Testimony of Truth>은 이 해석을 뒤집는다. 악의 화신과는 거리가 멀게 뱀은 낙원에서 가장 지혜로운 창조물로 여겨진다. <진리의 증언>은 뱀의 지혜를 극찬하고 조물주에게 심한 비난을 퍼부으며 이렇게 묻는다. '이 하느님 그는 어떤 종류의 신인가?' 이에 대해 과실을 먹지 못하도록 금지한 까닭은 인간이 더 높은 지식으로 깨어나는 것을 바라지 않은 하느님의 질투심에서 비롯되었다고 대답한다."[85]

또 하나의 예를 보자.

"나그 함마디 문서에 있는 다른 경전 <아르콘들의 본질Hypostasis of the Archons>은 이브뿐 아니라 뱀도 신성한 소피아에 의해 영감을 받고 인도되었다고 이야기 한다. 소피아는 뱀에게 자신의 지혜가 들어가도록 허락하고, 그래서 뱀은 교사가 되어 아담과 이브에게 그들의 참된 근원에 대해 가르쳐준다. 그들은 자신들이 데미우르고스(이 경우

---

85) 스티븐 휠러, 같은 책, pp.50-51.

는 <창세기> 이야기에 나오는 조물주)에 의해 창조된 열등한 존재가 아니라는 것, 오히려 자신들의 영적 자아가 이 세상 너머, 궁극의 근본 하느님의 충만함에서 비롯했다는 사실을 깨닫게 된다. 주류 기독교에서 정본으로 삼는 <창세기>에서는 금지된 과실을 먹은 후 아담과 이브가 낙원의 은총을 상실했다고 말하지만, 영지주의 쪽 <창세기>에서는 '그들의 눈이 열렸다'—곧 그노시스를 가리키는 은유—고 말한다. 그 결과 첫 인간들은 자신들을 창조한 신들이 짐승 얼굴에 흉물스런 외모를 지니고 있다는 사실을 처음으로 알게 되고 공포에 젖어 그들이 보이지 않는 곳으로 도망을 치게 된다. 비록 데미우르고스와 아르콘들에게 저주를 받기는 했지만, 이들 첫 인간 한 쌍은 이미 그노시스의 능력을 얻은 터였다."[86]

나그 함마디 문서를 더 살펴보자. 「아르콘들의 본질」은 영지주의자들의 싸움이 "이 세상의 권세 잡은 자들과 악의 영들"(엡 6:12)에 대한 것이라고 말하고 있다. 그런데 여기서 말하고 있는 악의 우두머리는 사단이 아니라 구약의 야웨 하나님을 가리키는 것이다. 이것이 영지주의다.

기독교에 반감(反感)을 갖고 있는 사람들은 「유다복음」이 정통 기독교에 큰 영향을 미칠 것이라고 말하는데, 이는 유다복음이 신약의 복음서 내용과 크게 다르기 때문이다.

---

[86] 스티븐 횔러, 같은 책, pp.51-52.

'대광고 강의석 사건'으로 유명해진 전 대광고 교목 류상태는 주간 영화 잡지 FILM 2.0 281호(2006년 5월 9일자) p.55에서 유다복음에 대해 다음과 같이 쓰고 있다.

"최근에는 '유다복음'이라는 위경이 새로 발견되었다 하여 문제가 되고 있다. 유다복음 외에도 정경으로 인정받지 못하는 복음서로 베드로복음, 도마복음, 마리아 복음 등이 존재하며, 성경으로 인정받는 66권의 정경 외에도 수많은 외경과 위경들이 존재한다. 그러나 '정통은 밥통'이라는 얘기가 있다. '정통'이라는 말이 '올바른 이음'을 뜻하는 말이지만, 실제로는 그렇지 않았음을 역사가 증언하기 때문이다. 단어의 뜻이 아닌 역사적 현실을 보면, '정통'은 늘 '힘 있는 자의 견해'였다. 지금 개신교에서 절대가치를 인정받고 있는 성경 66권도, 수많은 경전들 중에서 '힘 있는 자들의 선택'에 의해 채택된 것들이다."

류씨의 견해처럼 이들은 이 문서가 초기 기독교 시대에 단 하나의 복음(현재 정통 기독교에서 믿고 있는)만이 있었던 것이 아니라 여러 개의 복음이 있었다는 것을 보여주는 증거라고 주장한다. 영지주의도 '복음'이라는 것이다. 그런데 힘 있는 자들인 교부가 영지주의 문서를 제외시키고 정경(正經)을 선택했다는 것이다. 이런 주장은 오래전부터 있었던 것이다.

미국 하버드대학교 신약신학 교수인 헬무트 쾨스터(Helmut

Koester)는 초기 기독교 시대는 단 하나의 정통적인 기독교만이 존재했었던 것이 아니라, 다양한 기독교 공동체와 복음이 존재했었기 때문에 단 하나의 '정통'이 존재할 수 없음을 줄기차게 주장하고 있는 사람으로 유명하다.87) 그가 하는

헬무트 쾨스터

작업은 영지주의는 이단이 아니라 기독교의 또 다른 형태라는 것이다.

---

87) 최근에는 노스캐롤라이나대학교 종교학 교수인 Bart D. Ehrman이 이런 주장을 하여 인기를 끌었다. 이런 주장을 담은 그의 책 [*Lost Christianities*]가 번역 출간될 예정이다. 바트 D. 에르만, [잃어버린 기독교의 비밀], 박철현 역 (도서출판 이제).

이 책에 대한 출판사의 소개 글은 다음과 같다.

"2003년 출판 즉시 종교 분야의 베스트셀러가 된 이 책은 이미 많은 학자들의 저술 속에 인용되는 신학의 고전으로 자리매김 하고 있다. 1945년 나그 함마디 문서의 발견 이후 많은 기독교 외경서가 조명을 받았다. 왜 신약에 포함된 경전들의 수보다 더 많은 이단서들이 신약 성경에 포함되지 못했던 것일까? 저자는 이 책에서 수많은 이단서들은 다양한 초기 기독교 공동체들에 의해 예수의 진정한 복음서로 신봉되었다는 것을 밝힌다. 다른 기독교 공동체를 이단으로 규정하고 오늘날 기독교인들이 신봉하고 있는 신약 27권만을 정경으로 채택한 원시 정통파 기독교인들은 그 당시 수많은 기독교 공동체들 중 단지 한 형태에 불과했다. 저자는 이들이 최종적인 승리를 거두기 전 초기 기독교계에는 정통도 이단도 없었으며 판이하게 다른 집단들이 기독교라는 이름하에 공존하고 있었다는 사실을 폭로하고 있다."

헬무트 쾨스터는 동료인 제임스 로빈슨과 자신들의 공저 [*Trajectories through Early Christianity*]에서 초기 기독교에는 최소 네 개의 트러젝터리(궤도)가 있다고 주장했다. 정통 기독교가 믿는 '예수 그리스도의 죽음과 부활과 관련된 케리그마'는 네 가지 중 하나에 불과하기에 이것만이 정통이라고 볼 수 없다는 것이다.

나그 함마디 영지주의 문서의 영어 번역 책임자인 제임스 로빈슨은 나그 함마디 문서 영문판 서문에서 이단인 영지주의가 아니라 영지주의 이단과 투쟁한 교부들을 비판하고 있다. 이것은 무얼 의미하는가? 이 두 사람은 신약의 저자들과 반대되는 입장에 서있는 것이다. 이들은 사도적 기독교가 저항했던 바로 그 이단을 이단이 아니라고 말하는 사람들인 것이다.

이것이 바로 자유주의 신학이다. 자유주의 신학이란 하나님과 성경 진리에 대한 헌신을 전혀 갖고 있지 않은 불신자의 신학을 말한다. 쾨스터와 로빈슨이 제대로 된 그리스도인이라면 하나님과 하나님의 진리를 모독하는 이런 이단의 저작에 대해 동의할 수 없었을 것이다. 영지주의에 대한 그들의 애착은 그들이 그리스도인이 아님을 보여주는 증거이다.

초기 기독교에 여러 개의 복음이 있었다는 주장은 일고(一考)의 가치도 없는 것이다. 왜냐하면 영지주의 복음은 신약 복음서의 기록보다 후대에 쓰여진 것이기 때문이다. 즉 영지주의 복음은 복음서와 독립적으로 존재한 문서가 아니다. 「유다복음」을 읽어봐도 알 수 있듯이 영지주의 문서들은 모두 정통 기독교의 성경 내용을 자기들이 원하는 내용이 되도록 각색한다. 이것은 영지주의 복음이 독립적인 문서가 아니라 신약 복음서에 대한 '재해석'에 불과함을 보여준다. 신약 복음서의 병행구에 대한 영지주의적 재해석이라는 말이다.

초기 기독교 시대에 영지주의 문서들을 강하게 비판했던 이레니우스(Irenaeus, 115-200)는 이미 이 사실을 자신의 책 [이단에 대항하여](*Against Heresies*)에 기록하고 있다. 그는 영지주의자들은 영지주의 세계관에 맞추어 성경을 각색하고, 왜곡하고, 재해석한다고 쓰고 있다. 위에서 인용한 나그 함마디 문서의 창세기 왜곡도 마찬가지이다.

미국의 '예수 세미나'(The Jesus Seminar)라는 단체는 영지주의 문서인 「도마 복음」(Gospel of Thomas)을 이미 신약정경에 포함시켰다.[88] 이들은 복음서는 복음서 기자들에 의해 재구성된 날조된 문서이기 때문에 예수 그리스도에 대한

---

88) Robert W. Funk, Roy W. Hoover and the Jesus Seminar, [*The Five Gospels : The Search for the Authentic Words of Jesus*], (Polebridge Press, 1993).

정통 기독교의 가르침도 모두 거짓된 것이라는 주장을 하며 1985년에 등장했다. 예수 세미나는 로버트 펑크(Robert W. Funk)가 설립한 웨스타 연구소의 세미나 프로젝트 중 하나이다.

이 세미나에서는 복음서의 기록이 진짜 예수가 말한 것인지 아닌지를 네 가지 색깔의 구슬을 사용하여 '투표'로 결정한다. 구슬은 붉은색, 분홍색, 회색, 검정색으로 되어 있는데, 붉은색에 가까울수록 진정성(眞正性)이 있는 것이고 검정색으로 선택된 말씀은 예수가 한 말이 아니다.

[*The Five Gospels*]가 바로 투표 결과를 반영한 책인데, 예수 그리스도를 '높이는' 구절은 모두 진정성이 없는 검은색으로 표시되어 있다. 예를 들어 마가복음 14:62[89]와 요한복음 14:6[90]이 검은색으로 표시되어 있다.

이 책은 예수는 자신을 메시아라고 주장하지 않았다고 쓰고 있다. 이 책에서 붉은색으로 표시된 부분은 모두 기독교의 핵심 교리를 말하지 않는 상식적인 윤리적 충고들이다. 이들이 예수 세미나를 하는 이유는 예수를 그리스도(메시아)와 하나님으로 믿는 것은 잘못된 것임을 알리기 위한 것이

---

[89] "예수께서 이르시되 내가 그니라 인자가 권능자의 우편에 앉은 것과 하늘 구름을 타고 오는 것을 너희가 보리라 하시니"

[90] "예수께서 가라사대 내가 내가 곧 길이요 진리요 생명이니 나로 말미암지 않고는 아버지께로 올자가 없느니라"

다.

 예수 세미나 회원들은 '실력 있는' 학자가 아니다. 왜냐하면 탁월한 학문이 성경의 주장과 반대된다는 것은 말이 안 되기 때문이다. 반대로 성경의 주장과 반대되는 주장을 탁월한 학문적 성과로 본다는 것도 말이 안 된다. 기독교 철학자 존 M. 프레임(John M. Frame)의 말처럼 "사려 깊은 사고로 인해 성경의 주장과 반대된다는 말은 있을 수가 없다."

 이들이 양심적이고, 중립적이고, 실력 있는 학자가 아니라는 증거를 하나만 제시해 본다. 신약학자 루크 티모시 존슨(Luke Timothy Johnson)은 이들이 누가복음 10장 30-35절에 나오는 '선한 사마리아인의 비유'를 예수의 진정한 말씀(빨간 구슬 81%의 지지를 얻었다)으로 본다는 점에 주목한다. 그들의 기준에서 보면 이해할 수 없는 선택이기 때문이다. 왜냐하면 이 내용은 복음서들 가운데 오직 누가복음에서만 발견되며, 예수 세미나가 예수의 육성을 구두의 형태로 보존하고 있다며 중요시 하는 '아포리즘'(간단한 경구警句)도 아니다. 그렇다면 그들은 자기들의 진정성 기준에 맞지 않는 이 본문에 왜 후한 점수를 주었을까? 그건 이 본문이 그들이 원하는 예수의 모습을 많이 담고 있기 때문이다(이들은 '선한 사마리아인의 비유와' 유사한 '부자와 나사로의 비유'엔 후한 점수를 주지 않았다).[91]

이들이 성경과 반대되는 주장에 이르게 되고 그런 전제를 갖게 된 근본적인 이유는 그들이 거듭난 그리스도인이 아니기 때문이다. 성경은 말한다. "하나님께 속한 자는 하나님의 말씀을 듣나니 너희가 듣지 아니함은 하나님께 속하지 아니하였음이로다"(요 8:47).

조직신학자인 데이비드 F. 웰즈(David F. Wells)는 복음서 기록에 대해 그리스도인들이 가져야 할 태도에 대해 다음과 같이 말하고 있다.

"현존하는 성경 문서들이 그 자체로 아주 충분히 신실한 예수님의 행위와 말씀에 대한 전달이므로, 우리는 어떤 더 높고 합리적인 체계에서나 본문 배후에 있는 잘 알 수 없는 역사에서 그가 행하신 것의 의미를 찾을 필요가 없다. 참된 의미를 지닌 체계도, 역사도 없다는 말이다. 마치 그런 것이 있는 양 작업하는 것은 사실에 역행하는 것이다."

정경을 증오하는 자유주의 신학은 정경을 변화시키려고 한다는 사실을 기억해야 한다. '기독교' 신학자라는 사람들에 의해 성경 권수가 바뀌고 있다. 정통 기독교에 대한 자유주의 신학의 적대감은 정경에 대한 공격으로 이어지고 있다. 여성 해방 신학을 하는 로즈마리 류터(Rosemary Reuther)는

---

91) 루크 티모시 존슨, [누가 예수를 부인하는가? : 역사적 예수에 대한 잘못된 탐구와 복음서 전승의 진리], 손혜숙 역, (CLC, 2003), pp.49-50.

자신의 책 [*Womanguides : Readings Towards a Feminist Theology*]서문에서 여성 해방 신학은 현재의 정경을 버리고 새로운 경전을 만들어야 한다고 주장한다.

연구가들은 「유다복음」이 '가인파'에 속해있던 사람들의 글이라고 추정하고 있는데, 가인파란 뱀을 구원자로 숭배하는 영지주의자들인 배사교(拜蛇敎, Ophites)의 일파이다. 배사교는 에덴 동산의 뱀을 잠자는 인류의 영을 깨운 참 신이 보낸 빛의 사자들의 첫 번째 현현으로 숭배했다. 한국에서 비교신화학자로 유명한 조지프 캠벨(Joseph Campbell)이 이 견해를 추종하는 영지주의자이다.

[신화의 힘], [신의 가면]시리즈, [천의 얼굴을 가진 영웅] 등의 책들로 유명한 조지프 캠벨은 한국에서 '비교신화학자'라는 이름으로 알려져 있으며 대단한 석학으로 이해되고 있다(캠벨은 1960년대에 신비주의 붐을 주도했던 사람이다).

하지만 그의 책들은 일관되게 기독교와 성경에 대해 매우 피상적인 이해를 갖고 있고(편견에 입각한 엉성한 조사 연구), 영지주의자들처럼 성경을 자기 마음대로 재해석하고 있다. 그는 자료를 공정하게 취급하지 않으며 성경에 대한 반감에 입각해 억지 해석을 한다. 그는 피상적인 근대 종교연구가일 뿐이다.

조지프 캠벨

캠벨의 대표적인 책인 [신화의 힘]에 나오는 그의 주장을 보자.

"선악을 아는 것이 왜 아담과 이브에게 금지되어야 했던가요? 그것을 모르고 있었더라면 인류는 삶의 조건에 동참하지 못한 채로 아직도 에덴동산에서 멍청한 아이처럼 살고 있을 테지요. 결국 여자가 이 세상에 삶을 일군 겁니다. 이브는 이 속세의 어머니입니다. 인류가 에덴동산에서 살던 꿈같은 낙원은 시간도 없고 탄생도 없고 죽음도 없는 곳입니다. 그것만 없습니까? 삶도 없어요. 죽어서 부활하고, 허물을 벗음으로써 그 삶을 새롭게 하는 뱀은 시간과 영원이 만나는, 이 세계의 중심에 서 있는 세계수(世界樹)입니다. 결국 뱀은 에덴동산의 실질적인 신이었던 겁니다. 시원한 석양의 바람을 쏘이다가 그 곳에 들른 야훼는 나그네에 지나지 않아요."[92]

캠벨은 아담과 하와가 선악과를 먹은 것은 잘한 일이라고 말하고 있고, 선악과를 안 먹었으면 인간은 멍청한 존재로 살아가게 되었을 것이라며 아담과 하와를 칭찬하고 있다.

캠벨은 창세기의 뱀을 에덴동산의 신이라고 말한다. 캠벨

---

92) 조셉 캠벨, 빌 모이어스, [신화의 힘], 이윤기 역 (고려원, 1992), pp.103-105.

의 이런 주장은 그가 영지주의의 영향권 아래 있음을 보여준다. 배사교에서는 하나님이 열등하기 때문에 물질세계를 만들었는데, 뱀이 하나님의 방해에도 불구하고 아담과 하와에게 초월적 지혜를 가져다주었다고 주장한다.

그러나 성경은 창세기의 뱀이 사단임을 분명하게 밝히고 있다(계 12:9, 14-15, 20:2). 창세기 11장 1-9절에 나오는 바벨탑 지구라트는 뱀이 친친 감고 있는 모습이었다(수메르의 신전神殿 찬양시에 나오는 "šà-sig"이 지구라트를 뱀이 친친 감은 모습을 묘사하는 전문 술어임이 밝혀졌다). 그리고 뱀은 가나안 바알 종교의 풍요제의 상징이기도 했다. 이처럼 뱀은 고대 근동에서 사단의 상징이었다. 성경에서 바벨론 문화가 계속 정죄 받는 이유는 이런 배경에서 기인하는 것이다.

배사교는 크게 셋파(Sethites), 페라타이파(Peratae), 가인파(Cainiyes)로 갈라지는데, 가인파는 자신들을 가인의 혈통을 물려받은 존재로 보았고, 야웨 하나님을 저주 하는 것을 최고의 미덕으로 삼았던 집단이었다. 이런 관점을 지니고 있었기에 이들은 성경에서 악한 자들이라며 비판 받는 사람들을 최고의 존재로 보았던 것이고, 그 중 한명인 유다를 참지식의 비밀을 알았던 '유일한' 사도로 보았던 것이다.

■ 헬레나 블라바츠키와 신지학회

 "1931년 러시아에서 태어난 H.P. 블라바츠키는 오늘날 우리가 경험하고 있는 영지주의의 부활에 이루 다 헤아릴 수 없을 만큼 큰 기여를 했다…영지주의의 하느님 개념에 관한 한 블라바츠키는 분명한 영지주의자였다. 그녀는 자신의 저서들에서 전통적인 유일신 개념을 맹렬히 공격하고 그 대신 완전히 초월적이고 비인격적인 근본 하느님 Godhead-영지주의의 궁극적인 하느님alethes theos 혹은 참 하느님 True God과 비슷한-신앙을 변호했다. "구약성서의 하느님은 데미우르고스"라는 영지주의의 개념은 블라바츠키에 의해서도 확인되었다. 예컨대 "여호와Yehovah는 사탄이다!"라고 대담하게 선언하는 일부 진술들에서 그녀는 "영지주의자를 넘어선다." 다른 곳에서 그녀는 우주는 불완전한 영적 존재들에 의해 만들어졌다고 말하기도 한다…루돌프 슈타이너Rudolf Steiner의 인지학Anthroposophy(신지학의 변형)과 블라바츠키의 신지학은 둘 다 힌두교의 옷을 걸친 순수한 영지주의라는 융의 진술은 상당한 진실을 담고 있다."93)

 뉴 에이지 운동은 사도적 기독교(순수한 기독교 신앙)를 뺀 나머지들(이교주의)의 총합이다. 기독교와 관계없이 살고 싶어 하는 자들이 만든 것이 뉴 에이지 운동이라고 보면 된다.

---

93) 스티븐 휠러, 같은 책, pp.215-218.

뉴 에이지 운동의 출발은 기독교에 대한 경멸로 출발한 헬레나 페트로브나 블라바츠키 (Helena Petrovna Blavatsky, 1831-1891)의 신지학회 (神智學會, Theosopical Society)이다.

헬레나 블라바츠키

이 단체의 정체와 정신은 블라바츠키가 쓴 [The Secret Doctrine] (이 책은 신지학의 바이블로 통한다)에 나오는 다음과 같은 주장을 보면 금방 알 수 있다. "창세기에 나오는 뱀인 사단은 진짜 창조주이며 은혜를 베푼 자이며 영적 인류의 아버지이다." 이는 배사교와 동일한 주장이다.

19세기 중엽은 찰스 테즈 러셀(Charles Taze Russell)의 '여호와의 증인', 조셉 스미스의 '몰몬교', 메리 베이커 에디의 '크리스천 사이언스' 같은 유심론(唯心論)94)적 사이비 종교들이 출현했던 시기였다. 신지학회는 이런 '사이비 종교' 출현의 때에 같이 생겨난 '사이비 종교'이다. 이들은 모두 성경의 권위를 인정하지 않고 '직접 계시'를 강조하면서 출현

---

94) 유물론과 반대되는 말로 우주 만물의 참된 실재는 정신적인 것이며, 물질적인 것은 그 현상에 지나지 않는다고 주장하는 이론이다. Word of Faith도 유심론을 기반으로 한 단체이다.

했다.

예수 그리스도의 신성(神性)과 삼위일체를 부인하는 것으로 잘 알려진 여호와의 증인은 현재 개신교에서 사용하고 있는 정경이 오역(誤譯)으로 가득 차 있다고 주장하면서, 자기들만의 [신세계역 성경](*The New World Translation of the Christian Greek Scriptures*, 1961)을 사용한다. 또한 러셀은 [*The Studies in the Scriptures*]라는 책을 썼는데, 그는 자기 책의 도움이 없이 성경을 보게 되면 미궁(迷宮)에 빠질 것이라고 주장했다.

하나님은 조셉 스미스와 몰몬경을 통해 초대 교회의 순수함을 '회복'시키셨다고 주장하면서[95] 자신들만을 참된 기독교로 인정하는 몰몬교는 정통 기독교의 정경이 예수의 가르침을 순수하게 보존한 것이 아니라면서, 몰몬경이 바로 예수의 순수한 가르침을 담고 있는 '새로운 계시'라고 주장한다.

「신앙개조」 8조는 다음과 같다. "우리는 정확하게 번역되어 있는 한, 성경이 하나님의 말씀임을 믿는다."

---

[95] 1820년에 조셉 스미스는 구원에 대한 궁금증에 대한 해답을 하나님으로부터 직접 얻기 위해 집 근처 숲에서 기도하던 중 성부와 성자가 자기 위 공중에 서 있는 것을 보았다고 주장한다. 그는 많은 교회 가운데 어디에 속해야 하는지를 물었더니 교회들이 모두 그릇되므로 아무 교회에도 속하지 말라는 대답을 들었다고 한다. 몰몬교는 이 만남이 예수 그리스도의 복음이 '회복'되기 시작한 것을 알리는 사건이라고 믿는다. 몰몬교만이 진정한 기독교라는 것이다.

이 말은 성경은 전해지는 과정과 번역에 있어 오류가 있다는 것이다. 조셉 스미스는 자신이 성경(창세기 첫 일곱 장)을 다시 번역했다. 이것은 몰몬교의 경전 중 하나인 「값진 진주」 안에 있는 '모세서'에 실려 있다. 그런데 흥미 있는 것은 그런 몰몬경이 오류 때문에 수천 곳을 수정을 했다는 것이다. 그러면서도 이들은 몰몬경을 '지구상에서 가장 완전한 책'이라 주장한다.96)

크리스천 사이언스의 메리 베이커 에디는 자신이 쓴 책을 이용해서 성경을 판단해야지 성경으로 자신의 책을 판단해서는 안 된다고 주장한다. 자신의 주장은 하나님의 계시이고, 자신의 책은 정경보다 차원이 높고, 훨씬 정확하며, 더 존귀한 것이라고 말한다.

헬레나 블라바츠키는 신지학회의 교리들은 티베트에 거주하는 승천대사들(昇天大師, Ascended Masters)이 텔레파시를 보내 알려 준 '계시'라고 주장한다.

신지학회는 1875년 9월 8일에 뉴욕에서 신비주의에 심취한 소수의 사람들에 의해 만들어졌다. '신지학'이라는 용어는 신플라톤주의의 창시자라고 할 수 있는 암모니우스 사카스

---

96) 몰몬교는 자신들이 성경을 중요하게 생각한다고 말은 하지만 그들은 전혀 성경을 중요하게 생각하지 않는다. 왜냐하면 몰몬교 교리들의 근거로 제시하는 문헌이 성경이 아니다. 그리고 몰몬교의 다른 경전인 「몰몬경」, 「교리와 성약」, 「값진 진주」는 오류가 없고, 성경에만 오류가 있다고 주장한다. 즉 성경과 다른 경전이 충돌을 일으키면 잘못된 것은 무조건 성경이다.

Ammonius Saccas, A.D. 3세기)의 '절충주의(折衷主義) 신지학 체계'(*Eclectic theosophica system*)에서 나온 것인데, 이들은 여러 종교들의 핵심에는 단 하나의 근본적인 교리가 있다고 생각했다.

블라바츠키는 자신의 신지학이 바로 그 근본적인 교리이며 모든 종교의 핵심이라고 주장했다. 고대로부터 오직 소수의 선택된 자들에 의해 은밀하게 전수되어온 지혜가 신지학회에 있는 것이고, 자신이 전수 받은 비밀 교리(Secret Doctrine)가 인류 역사의 새로운 시대를 여는 신호라고 주장했다.

지혜를 가르쳐준 존재를 '마하트마'(Mahatma)라고 부르는데, 이들은 반신반인(半神半人)의 존재로 지금도 존재하고 있고, 신지학회의 교리들은 모두 이들(쿠트 후미 Koot Hoomi, 엘 모리야 El Morya)의 가르침이라고 주장한다. 또한 이들은 하나의 형제단(兄弟團)[97]을 이루고 있고, 자신들의 사명에 따라 하위 생명계인 인류의 진화를 촉진시키기 위해 사역하는 존재들이라고 주장한다.

신지학회는 자신들의 마하트마가 마하트마 중에서도 가장 진화 정도가 큰 대백색 형제단인 '샴발라'(Shambahla, 산스

---

[97] 나폴레온 힐과 에스더/제리 힉스가 자신들에게 신사상의 비밀을 알려준 보이지 않는 위대한 스승'들'이 있다는 주장과 비교해 보라.

크리트어로 '고요한 장소'라는 뜻)에 속해 있으며 예수, 아브라함, 모세, 솔로몬, 붓다, 공자, 노자, 플라톤, 야콥 뵈메, 프란시스 베이컨이 이 결사의 회원이라는 황당무계한 소리를 한다.

블라바츠키는 자신의 가르침이 마하트마의 입을 통해 직접들은 것이라며 다음과 같이 말한다.

"이들은 살아 있는 인간들로서, 우리처럼 태어나 우리처럼 죽을 운명을 지닌다. 우리는 이들을 '스승'이라고 부르는데, 이는 우리가 이들로부터 가르침을 얻으며 이들로부터 모든 신지학적 진리를 전수 받을 수 있기 때문이다. 이들은 학식이 많으며, 지극히 성스러운 삶을 영위하는 사람들이다…우리가 출판한 책의 글들은 한 마디 한 마디가 이들 스승으로부터 말씀을 받아 적은 것이다."

신지학에서 이들을 어떻게 이해하고 있는지를 좀 더 살펴보자.

이들은 인간세계에서 인간이 진화를 통해 도달할 수 있는 최고의 정점에 이른 자들(물질에 대해 승리한 자들)로 받아들여진다. 이들은 다음 단계인 영계(靈界)의 영역에서도 계속 진화하고 있으며, 그와 동시에 아직 진화의 정점에 이르지 못한 사람들을 돕는 임무도 수행한다.

이 중에서 진화 정도가 높은 집단을 '샴발라'라고 부른다. 샴발라는 영적 에너지와 우주적 에너지를 받아들이고 이것을 니르마나카야(중계자)를 통해 하이어라키에 전달하며, 하이어라키는 그것을 인류에게 공급한다. 이것은 오컬트 명상 수행을 한 사람과 의식이 고도화된 준비된 집단에게 먼저 알려지고 그들을 통해 대중에게 알려진다.

신지학회는 준비된 집단인 자기들이 하이어라키의 지혜와 지식을 대중적으로 보급하는 것이라고 주장하는 것이다. 자기들은 특별한 존재들이라는 말이다.

인지학(人智學)의 창시자이며, '발도르프 학교' 설립자로 유명한 루돌프 슈타이너라는 사람이 있다. 인지학은 인간을 의미하는 anthropos와 지혜를 의미하는 sophia의 합성어이다. 루돌프 슈타이너는 인간은 자기 안에 진리를 갖고 있으며, 영적인 수련을 통해 신비적인 힘을 강화하면 영적인 통찰력을 얻을 수 있다고 주장했다.

한국 루돌프 슈타이너 인지학 연구센터 홈페이지에 있는 인지학에 대한 슈타이너의 정의는 다음과 같다.

"인지학은 정신세계에 대한 과학적 탐구이다. 이 탐구는 한편으로는 자연에 대한 단순한 인식이나 다른 편으로는 일반 의식이나 물질 과학으로 아직 일깨우지 못한 일반적 신비주의에 들어 있는 일방성을

루돌프 슈타이너

궤뚫어 보고, 잠재된 힘을 계발시켜 깨달음을 구하는 사람으로 하여금 정신세계를 향하여 올바르게 이끈다."

슈타이너의 자서전에 보면 죽은 자들과의 접촉 체험이 기록되어 있고, 자신은 죽은 자들을 영계까지 쫓아갈 수 있었다고 주장하며, 영시력(靈視力)을 이용해서 많은 유명인의 과거를 더듬었다고 썼다. 슈타이너는 인지학 업적의 하나로 영적 과학에 의해서 산자와 죽은 자 사이에 조금씩 다리를 놓아가는 것을 들 수 있다고 말하며 영매(靈媒)의 중요성을 강조했다.

많은 사람들이 발도르프 학교의 교육방법을 격찬하며 슈타이너를 대단한 교육학자로 알고 있는데, 슈타이너가 자신을 신의 화신(化身)으로 생각했었고, 자신의 신비주의 학문을 기초로 한 새로운 종교 설립을 위해 독일 뮌헨에 거대한 사원(寺院)을 지으려 했던 사람이었다는 것은 잘 알려져 있지 않다(세계대전 발발로 그의 이러한 계획은 실패했지만 그는 대신 스위스의 도르나하에 진짜 사원을 세웠다).

그는 손을 대지 않고 책상을 들어 올리는 방법을 기록하기도 했고(슈타이너 친구의 증언), 윤회(輪廻)를 믿었으며, 예수 그리스도가 개인으로서 오지 않고, 모든 인류 안에서 영적(靈的)으로 올 것임을 말한 바도 있다.

슈타이너는 예수의 죽음과 부활로 인한 인간의 구원(슈타이너가 '골고다의 신비'라고 표현한)을 인류에게 중요한 영향을 끼친 사건이라고 평가하지만, 그것을 해석하는 것은 정통 기독교와 완전히 다르다.

슈타이너에 의하면 골고다의 신비는 '태양 정신'(Sun spirit, 절대 정신)이 성육신한 것으로 인류는 그로 인해 자아를 절대 정신의 경지로 실현할 수 있는 특별한 능력을 갖게 되었다. 사람이 자기 안에 그리스도가 있음을 깨닫게 되어 태양정신과 합일을 이루어 구원될 수 있다는 것이다. 그는 전형적인 사이비 신비주의자였다.

슈타이너와 함께 최고의 교육자로 평가받는 마리아 몬테소리(이탈리아 1,000리라 화폐에 몬테소리의 초상화가 인쇄되었을 정도로 유명하다)도 신지학의 충성된 추종자였고, 1939년에는 인도에 있는 신지학 지도자들과 함께 동역하였다.

■ 프리메이슨과 영지주의

'보이지 않는 위대한 스승들'이 존재한다는 신지학회의 주장은 17세기부터 19세기에 출현한 거의 모든 마법 단체와 사이비 종교의 공통적 주장이다(나그 함마디 영지주의 문서에도 "영의 안내자들"이라는 표현이 나온다. 이것은 이교주의의 특징 중 하나이다). 이 중에서 장미십자회(Rosicrucian)와 프리메이슨(Freemason)이 대표적이다.

엘리파스 레비

오컬트의 이론 체계인 에소테리시즘(esoterism)이라는 말을 처음 사용하기 시작했던 프랑스의 오컬티스트 엘리파스 레비(Eliphas Levi)는 '보이지 않는 위대한 스승들'의 이야기를 꾸며내고 퍼뜨린 장본인이다. 레비를 추종했던 사람 중 영국의 소설가이자 오컬티스트인 에드워드 불워 리턴(Edward Bulwer Lytton)이라는 사람이 있다. "펜은 칼보다 강하다"라는 말을 남긴 바로 그 사람인데, 헬레나 블라바츠키는 이 사람의 영향을 크게 받았다.

블라바츠키가 가장 큰 영향을 받은 에드워드 불워 리턴의 책 [Zanoni](1842)가 2006년에 한국어로 번역 출간되었다.[98]

이 책은 저자 자신이 밝혔듯이 장미십자회와 마법에 관한 이야기이다.

장미십자회가 나타난 때인 17세기 초는 구세계의 부패와 분쟁의 이상적인 해결책으로 제시된 이상 국가의 계획들[99]과 보편적 군주제에 대한 열망들, 종교의 혁신을 향한 열망들이 나타난 때였다. 이런 기대 분위기에서 많은 사람들이 장미십자회가 외치는 총체적 세계 개혁이라는 프로젝트—위대한 스승들 사이에

우애가 존재하며 최후의 심판에 대비하여 인류의 지혜를 통합하는 임무를 맡았다—에 공감했고 그들에게 호소했다. 그

---

[98] 에드워드 불워 리턴, [마법사 자노니], 조하선 역 (창천사, 2006).
[99] 토마소 캄파넬라의 [태양의 도시 *Civitas Solis*](1602)와 요한 발렌틴 안드레아의 [그리스도의 도시 *Christianopolis*](1619)가 대표적이다.

런데 흥미 있는 것은 누구도 그들을 안다고 주장하지 않았고, 누구도 자신이 장미십자회 회원이라고 말하지 않았지만 많은 사람들이 어떤 식으로든 그런 계획과 절대적으로 공감한다는 것을 알리려고 노력했다는 것이다.100)

요한 발렌틴 안드레아

장미십자회는 요한 발렌틴 안드레아(Johan Valentin Andreae, 1586-1654)라는 사람이 '상상'한 공동체이다. 그런데 나중에 그가 상상했던 것을 모델로, 다른 사람들이 실제로 단체를 창립하는 일이 벌어졌다.101) 장미십자회의 이야기는 18세기 영국에서 사변적 프리메이슨(직업적 프리메이슨과 다름)102)을 만들어 냈다.

---

100) 움베르토 에코, [움베르토 에코의 문학강의], 김운찬 역, (열린책들, 2005), pp.396-398.
101) 움베르토 에코, 같은 책, p.401.
102) 프리메이슨은 종류가 다양하다. 역사적으로 많은 변천을 겪었기 때문이다. 입문적(入門的)이고 신비주의적인 프리메이슨, 형제애적인 프리메이슨, 자선 프리메이슨, 인본주의적 프리메이슨, 정치적 프리메이슨, 유신론적 프리메이슨 등이 있다. '전통적' 프리메이슨 추종자들은 첫 번째 것만을 진정한 프리메이슨으로 보고 나머지 것들은 고대 이집트 프리메이슨의 변질로 본다. 왜냐하면 사실 18세기의 프리메이슨은 유명 인사들의 사교 클럽이었고, 19세기의 프리메이슨은 공화국을 열망하는 집단이었고, 20세기의 프리메이슨은 일종의 정당(政黨)이었기

1650년경, 로버트 플러드의 제자들이 런던에 집결하여 강력한 세력을 형성하면서 장미십자회와 프리메이슨단이 결합하는 단초가 마련된다. 이들 가운데 한사람인 연금술사 엘리아스 에슈몰이 프리메이슨단의 '석공'으로 영입된다. 입단한 에슈몰은 지부에서 많은 신학자와 학자들과 친분을 맺게되고, 이들과 더불어 '학문의 이상적 신전(神殿)인 솔로몬왕의 거처'를 건축한다는 목적을 띤 단체를 결성한다. 이 단체는 장미십자회에 속하는 모임이었음에도 불구하고 에슈몰은 프리메이슨의 지부에서 집회할 수 있다는 허락을 얻어낸다. 프리메이슨단에 결정적 영향력을 미친 것이 바로 이 장미십자회였고, 그 영향하에서 실질적 동조조합의 색채는 퇴색하고, 사변적 프리메이슨단이 둥지를 틀기 시작한 것이다.103)

　　때문이다(현대 프리메이슨의 목적은 정치 참여와 명예 추구이기에 종교적인 면이 거의 없다). 그러면서 그들은 고대 프리메이슨을 신비화(神秘化) 시킨다. 프리메이슨의 근원은 이집트의 입문 의식인 미스라임 예식과 멤피스 예식, 그리스의 엘레우시스의 신비, 피타고라스학파, 에세네파, 영지주의, 미트라교이며, 고대 메이슨(石工)들에게 입문한다는 것은 생의 신비를 연구하며 정신적 발전의 수단들을 제공받는다는 것이다. 하지만 이 근원이라는 것들은 모두 이교주의 세계관에 불과한 것이다.
　　프리메이슨은 '음모론'에서 빠지지 않고 등장한다. 구체제의 기득권 세력들은 프랑스 대혁명을 음모에 의한 것으로 보았다. 그들은 역사적 필연성에 의해 진행된 절대주의 국가의 붕괴와 공화정(군주제에 상대되는 개념)의 성립을 프리메이슨의 은밀한 음모가 있었기에 가능했던 것으로 이해했다. 하지만 당시의 프리메이슨은 철학자들과 문인들이 교류하던 공간인 카페와 마찬가지로 부르주아 여론 형성의 역할을 했던 사교 모임일 뿐이다.
103) 이재실, 「비밀결사 프리메이슨」, 정신세계 2000년 6월호(정신세계사), p.122.

근대 프리메이슨을 체계화한 인물인 제임스 앤더슨(James Anderson, 1678-1739)은 프리메이슨의 기원이 솔로몬의 성전 건축가들이라고 주장했으며(물론 증거는 없다), 그 기원 신화에 성전 기사단(Templar Knight)을 결합시켜 성전 기사단의 비밀이 장미십자회를 통해 근대 프리메이슨으로 이어진 것이라는 주장을 했다.

프리메이슨이 자신들의 원조로 보는 성전기사단은 신과 물질을 대립시키는 이원론을 특징으로 한다. 성전기사단의 원조로 볼 수 있는 중세의 카타르파(Cathar)도 마찬가지이다. 참 신은 영(靈)만을 창조하고 악마는 물질세계를 창조한다는 것이다. 구약의 야웨 하나님은 물질세계를 창조했으므로 악한 신이다.

이들은 그리스도가 인간을 물질로부터 어떻게 벗어날 수 있는가를 가르쳐주기 위해 선한 근본 하나님에 의해 보냄을 받은 순수한 영적 존재라고 본다. 이런 교리에 의해 그들은 예수 그리스도의 육신은 환영에 불과하다고 보며, 영적 존재인 그리스도가 십자가 처형을 당할 수 없다고 본다. 이런 주장은 영지주의의 주장과 정확히 일치한다.[104]

장미십자회의 문서 중 하나인 [크리스천 로젠크로이츠의

---

[104] "마치 삼투압의 작용처럼, 이 과정에서 연금술, 성당기사단, 영지주의 등의 영향이 프리메이슨단에 흘러들어갔고, 신비주의적 비밀결사로서의 면모도 갖춰지게 된다."(이재실, 같은 글, p.122.)

화학적 결혼](1616)은 연금술에 의한 니부 변형을 위한 여러 단계의 순례 여행을 묘사하고 있는데, 핵심적인 주장은 이 여행을 성공적으로 마치면 인간의 영혼이 물질의 굴레에서 벗어날 수 있는 수단이 되는 '영지'를 얻게 된다는 것이다. 나그 함마디 문서인 [조스트리아노스](*Zostrianos*)도 동일한 이야기를 한다. 한 단계 한 단계를 통과하여 완전한 지식의 단계에 이른 조스트리아노스는 "나는 신이 되었다"라고 선언한다.

헤르메스주의, 카타르파, 템플기사단, 장미십자단, 프리메이슨은 모두 영지주의의 연장선상에 있는 것들이다. 이들은 고대 영지주의의 부활인 것이다. 영지주의와 영지주의의 현대판인 뉴 에이지 운동의 핵심은 '무죄(無罪)한 인간의 신성화(神聖化)'이다. 입문적이고 신비적인 프리메이슨은 인간은 그 안에 생명력을 가지고 있기에 사멸하는 동물의 단계에서 불멸의 초인적인, 신과 같은 존재로 진화할 수 있게 하는 것도 가지고 있다고 주장한다.

제 3 장 인도 사상과 뉴 에이지 세계관

- 뉴 에이지의 근원 인도와 요가 철학
- 신지학회의 진화론적 윤회설
- <X파일>과 신비주의
- UFO 종교들과 그레이엄 핸콕

■ 뉴 에이지의 근원 인도와 요가 철학

 신지학회가 만들어진 결정적 이유는 '인도'의 영적 전통에 대한 매료이다. 신지학회 사람들은 인도가 최고의 지혜를 간직하고 있는 곳이라며 인도에 열광했다. 이것이 신지학회의 본부가 항상 인도에 있는 이유이다. 헬레나 블라바츠키는 소수의 사람들에 의해 은밀하게 전수되어 온 지혜가 전 세계에 존재하는 종교들 가운데서 오직 힌두교와 불교에만 존재하고 있다고 강조했다.

 뉴 에이지 운동이 주장하는 교리의 근원도 인도이다. 인도는 고대 그리스 때부터 지혜로 충만한 나라로 인식되어 흠모의 대상이었던 곳이다. 낭만주의, 장미십자회, 신지학, 인지학 같은 서양 신비주의의 모든 교리들은 모두 인도의 세계관을 차용한 것이다.

 인도의 세계관을 가장 잘 보여주는 것이 현재 크게 유행

요가의 신 시바

하고 있는 '요가'(Yoga)이다. 요가 연구로 박사학위를 받은 미르치아 엘리아데(Mircea Eliade)는 "인도사상이 제공하는 해답들은 모두 다소간 직접적으로 요가의 지식을 뜻한다"105)고 말했다. 신지학회의 3대 회장이었던 앨리스 베일리(Alice Bailey)는 파탄잘리(Patañjali, B.C. 2세기)가 지은 요가 경전인 [요가 수트라](Yoga-Sutra=Raja Yoga)에 대한 주석서인 [*The Light of the Soul*]을 쓰기도 했다.

요즘 '웰빙'(건강과 미용)에 대한 관심이 요가 신드롬을 일으키고 있지만 요가가 기대고 있는 세계관에 대해서는 많이 알려지지 않은 것 같다.

인도 사상은 인간이 비참하게 살아가는 원인을 원죄(原罪)가 아니라 무지(無知)라고 본다. 여기서 말하는 무지는 정보가 부족하다는 뜻이 아니라, 영적인 무지를 의미한다. 이는 상키야 학파(Sāmkhya)와 요가학파의 공통된 주장이다. 상키

---

105) 미르치아 엘리아데, [요가 : 불멸성과 자유], 정위교 역, (고려원, 1989), p.3.

아 학파는 정신이 물질로 인해 오염되지 않도록 하는 것을 최고의 목적으로 삼는 인도에서 가장 오래된 학파로 수적(數的) 분류에 의한 분석적 방법론을 추구한다. 그런데 상키야학파는 영지에 의한 해탈을 주장하고, 요가학파는 명상과 금욕을 통한 해탈을 주장한다는 점에서 다르다.

인간의 내면 안에는 참 자아의 순수한 의식이 있는데, 욕망과 집착 때문에 그것이 방해 받고 있으니 '마인드 컨트롤'(mind control)을 하라는 것이다. 이런 생각은 다름 아닌 뉴 에이지 운동의 구호이다. 그러므로 한국에서 요가를 알리는데 앞장서온 단체가 뉴 에이지 전파에 앞장서 온 '정신세계원'이라는 사실은 너무 당연한 일이다.

요가학파는 [요가 수트라]의 저자인 파탄잘리에 의해 시작되었다. 그는 영지만으로는 인간을 궁극적인 해탈로 인도할 수 없다고 상키야학파를 비판하면서 요가 철학을 주장했다.

그는 인간 안에는 '바사나'(vāsanā)라고 하는 숨어 있는 옛 습관, 즉 무의식에 잠재되어 있는 마음이 있어 그것의 활동 때문에 해탈이 방해를 받는다고 본다. 요가철학에서는 인간의 삶이라는 것은 이 '바사나'의 방출에 불과한 것이라고 보며, 오직 요가만이 바사나를 제거할 수 있다고 여긴다. 삼매경(三昧境, samādhi)은 요가를 통해서만 온다는 것이다.

이처럼 요가는 단순히 운동이 아니다. 요가는 모든 사람

안에 있다고 믿는 순수한 의식을 전제로 하여 출발하고 있다. 이는 뉴 에이지 운동의 주장이다. 구원자는 외부에 있는 것이 아니라 자기 안에 있다는 것이다. 그래서 요가를 '신체(身體) 신비주의'라고 한다. 요가 수행자들과 뉴 에이지 추종자들에게 있어 요가는 자력구원(自力救援)의 수단이며, 한국에서 소비되고 있는 체위 위주 요가인 '하타(Haṭha Yoga) 요가'도 그 궁극적인 목적은 몸의 자세를 통해 마음을 제어해 영지를 얻으려는 영적 수행방법이다.

요가에서의 모든 자세들은 단순히 운동을 위한 것이 아니라, 명상(의식의 변화와 영적인 깨달음)을 유도하도록 고안된 것이다. 이것을 아사나(Asana)라고 하는데, 이것은 요가의 준비 단계에 있는 요가식 몸자세를 말한다. 몸을 자기가 원하는 대로 통제하여 몸 때문에 마음이 방해받지 않게 하기 위한 것이다.

요가 수행에서 가장 중요하게 여기는 것이 '호흡수련'이다. 호흡은 업(業, karma=인과응보)을 소멸한다고 본다. 이것을 이해하려면 세신(細身, Linga Sharira)에 대해 알아야 한다. 세신이란 물리적 신체가 아닌 정신적 신체를 가리키는 말이다. 이 세신은 업에 의해 끊임없이 윤회를 하는 몸으로, 물리적 신체가 사라져도 존속되는 윤회의 주체인 몸을 말한다. 마음이 작용하는 것은 프라나(prāṇā, 우주의 생명 에너지)와 바사나에 의한 것인데, 하타 요가의 주요 문헌 중 하나인 「하타 요가프라디피카」(Haṭhayoga-Pradipikā)는 이 중에서 하나가 작동을 멈추면 다른 하나는 저절로 없어진다고 쓰고 있다. 그러므로 요가에서의 호흡수련(prāṇāyāma)은 프라나가 지나는 길인 나디(Nāḍī)들 중에서 가장 안쪽에 있는 브라흐마 나디(Brahma-Nāḍī)까지 프라나가 상승하여 각성을 일으키게 만들어 프라나를 소멸 시키고 그 결과로 바사나가 저절로 사라지게 만드는 것이다. 이것이 업을 소멸시켜 의식(意識)의 변화와 해탈(완전한 의식의 상태인 튜리야 turiya 상태)을 가져온다는 것이다.

세신의 개념은 윤회를 강조하는 신지학회에서도 사용하고 있다. 블라바츠키는 인간이 일곱 가지 차원으로 존재한다고 주장한다. 육체, 생명, 아스트랄체(astral body), 동물적 욕망, 마음, 영적 혼, 영(靈)이 그것인데, 아스트랄체가 바로 세신이다.

요가 중에 '탄트리즘'(tantrism)이라는 것이 있다. 탄트리즘은 깨달음이 인간의 몸 안에 있다고 주장하는 요가로 인간의 몸을 대우주의 축소판인 소우주로 보면서 음(陰)과 양(陽)의 논리로 설명한다.

탄트리즘은 남성과 여성의 성적(性的)인 결합이 쿤달리니

(Kundalini)라고 하는 인간 내부의 잠재적 에너지를 속박에서 풀어주어 그 에너지의 상승으로 해탈 할 수 있다고 한다(탄트리즘에서 제자는 '신의 권능을 가진 자'라고 불리는 여자와 '성관계'를 함으로써 입문식入門式을 한다).

붓다도 인간의 육체 속에는 온 세상이 전부 들어 있다고 말하면서 성(性)의 중요성에 대해 설명했으며, 호흡 단련을 통해 덧없는 시간의 리듬을 제어할 것을 가르쳤다(불교에서 말하는 '극락'(極樂)은 시간이 폐지된 곳이라는 의미이다).

탄트리즘이 얼마나 황당무계한 내용인가를 알아보기 위해 여성과의 정신적 훈련에 관한 주석서인 [나이카 사다나 티카](Nāyīkā-sādhanṭīkā)를 살펴보자.[106]

이것은 여덟 가지 부분으로 이루어져 있는데, 우선 축문(祝文)의 도움에 의한 신비한 정신 집중과 더불어 시작한다.

그 다음에 의식(意識) 속으로 들어간다. 대상에 동화하며, 여신(女神)으로 변모하기 시작하는 여인(nāyīkā)에게 꽃을 바친다. 그리고 여인의 아름다움을 생각한다. 5단계인 '신비적인 명상'(dhyāna)에서 여자는 요가 행자의 왼쪽에 앉아 '영혼이 고양되는 그런 방식으로 안긴다. 여자를 마치 여신상을 씻듯 목욕을 시킨다. 이 때 요가행자는 주문을 암송한

---

[106] 미르치아 엘리아데, [요가 : 불멸성과 자유], 정위교 역, (고려원, 1989), pp.257-258.

다.

계속 주문을 반복하면서 그녀를 안아 침대로 옮길 때 그의 집중은 극대에 이른다. 이제 결합은 인간이 아닌 두 신들 사이의 것이 된다. 이러한 성적 유희는 초생리적인 차원에서 실현된다. 왜냐하면 이것은 결코 종말로 나아가지 않기 때문이다. 성행위가 이루어지는 동안, 요가 행자와 그의 여인은 즐거움을 체험하고 궁극적 실재를 직접적으로 정관(靜觀)한 다는 의미에서 하나의 신적 조건을 구현하는 것이다.

라즈니쉬

1990년대 명상서적 붐을 주도했던 [배꼽]의 저자 오쇼 라즈니쉬는 탄트리즘 요가를 현 시대에 부활시킨 사람이다. 라즈니쉬는 탄트리즘 요가를 중심으로 한 사이비 종교인 '라즈니쉬교'의 설립자이다. 라즈니쉬를 현자(賢者)와 성자(聖者)로 생각하는 사람들이 많이 있는데 이런 이해는 무지에 기인한 것이며 완전히 잘못된 것이다.

동국대학교 인도철학과 교수 이지수가 쓴 [인도에 대하여]에 보면 '현대 인도의 신비가'라는 부분에서 오쇼 라즈니쉬를 다루면서 아래와 같이 쓰고 있다.

"라즈니쉬가 흔히 오해되고 기성 종교로부터 이단시 되거나 비난 받는 빌미가 되고 있는 것은 성에 대한 그의 진보적인 사상이다. 대중적 인기에 민감한 매스컴이 한 때 그를 '섹스 구루(교주)'로 라벨을 붙인 후로 그의 사상의 참모습을 알고자 하는 대신 피상적 이해로 만족하는 일반인들에게 그릇된 선입견이 조성되어 갔다. 라즈니쉬의 의도는 성적 방종을 권장하거나 그것이 바람직한 것이라고 부추기려는 것이 아니라 성적억압이 성으로부터 인간을 해방시키기보다 반대로 성에 강박되도록 만들며, 심한 경우에는 신경증의 원인이 된다는 것이다. 성은 인도의 전통에 따르면 강력한 생명력이자 에너지이며, 그 에너지는 억압되거나 반대로 낭비되는 대신 올바르게 통로를 열어주면 사랑과 기도로 성화(聖化) 될 수 있다는 것이다. 라즈니쉬의 수많은 저작물 가운데서 성을 주제로 한 책은 단 한권으로서 그 책의 이름은 [성으로부터 초의식에로]이다. 그럼에도 불구하고 그가 '섹스 구루'라는 별명을 얻게 된 것은 위선과 허위를 거부하고 기성의 권위와 인습에 정면으로 도전하는 그의 철저한 반항정신과 정직성 때문에 기성 종교나 정치권력으로부터 적대감을 샀던 것이 큰 원인이다."107)

이 책에 의하면 라즈니쉬는 "성에 대한 진보적 사상"을 갖고 있었기 때문에 핍박을 받았다. 그 사상은 "성은 인도의 전통에 따르면 강력한 생명력이자 에너지이며, 그 에너지는

---

107) 이지수, [인도에 대하여 : 한 권에 담은 인도의 모든 것] (통나무, 2002), pp.308-309.

억압되거나 반대로 낭비되는 대신 올바르게 통로를 열어주면 사랑과 기도로 성화(聖化) 될 수 있다는 것이다"로 정리된다.

하지만 탄트리즘은 인도 사람들이 만들어낸 공상에 불과하다. 요가와 탄트리즘은 공상을 통해 불유쾌한 현실을 도피하고, 자기가 신이 되었다는 착각 속에서 카타르시스를 느끼는 것으로 끝나는 허구적 의식에 불과하다.

이 교수는 "대중적 인기에 민감한 매스컴이 한 때 그를 '섹스 구로'(교주)로 레벨을 붙인 후로 그의 사상의 참모습을 알고자 하는 대신 피상적 이해로 만족하는 일반인들에게 그릇된 선입견이 조성되어 갔다"고 주장한다.

그의 주장을 들으면 라즈니쉬가 뭔가 엄청난 지혜를 가르쳤다는 착각이 들 수 있는데, 라즈니쉬는 말도 안 되는 주장들을 가르쳤던 사이비 교주에 불과했다.

라즈니쉬는 스스로를 '구세주', '하나님'을 뜻하는 '바그완'(Bhagwan)이라고 부르면서 기독교의 하나님을 조롱했다. 그는 자신에 대한 철저한 복종을 끊임없이 강조하면서 자신의 가르침에 의문을 품는 불복종을 저지르지 말 것을 당부했다.

또한 그는 가난한 사람들은 먹고 사는 일에 사로잡혀 있기에 오직 부자만이 영적인 생활을 할 수 있다고 가르쳤다

(라즈니쉬는 많은 롤스로이스 자동차와 비행기를 소유했다). 그가 인도를 떠나 미국으로 간 이유가 바로 이 때문이다. 돈 많은 나라를 찾아간 것이다.108)

라즈니쉬의 제자인 무용가 홍신자의 책 [푸나의 추억](정신세계사, 1993)을 통해 잘 알려진 푸나에 있는 라즈니쉬 아쉬람(수행 공동체)의 특징은 폭력과 성(性)을 치료에 이용하는 것이었다.

라즈니쉬와 그의 단체 지도자들은 인간의 아름다움, 유일성, 그리고 신적 본성은 오직 억눌렸던 감정 형태들과 욕망들이 외적으로 행위 되어질 때 나타날 수 있다고 믿는다. 이것을 '역동적 명상'이라고 부르는데, 라즈니쉬는 조용하게 하는 명상은 현대인들에게 어울리지 않는다고 하면서 명상에 광기(狂氣)를 도입했다. 한 때 푸나에 있는 병원들에는 억압된 분노를 발산하는 동료 신도들의 공격을 받아 상처를 입고 뼈가 부러진 사람들로 붐볐다고 한다. 두 명의 여신도는 자신들의 영적 성장을 위해, 그리고 정력을 저축하기 위해 불임 수술을 받기도 했다.109) 이것이 라즈니쉬의 "성에 대한

---

108) 로날드 엔로드 외, [신흥종교와 이단들], 오회천 역, (생명의말씀사, 1988), pp.53-54. '라즈니쉬교' 항목을 집필한 에카르트 플로에더는 라즈니쉬교의 회원이었다가 탈퇴하여 신학을 공부한 사람이다. 그러므로 라즈니쉬교에 대한 그의 글은 라즈니쉬의 제자에 의해 쓰여진 정확한 정보를 담고 있다.
109) 로날드 엔로드 외, 같은 책, p.55.

진보적인 사상"의 정체이다.

이러한 라즈니쉬의 행동이 "위선과 허위를 거부하고 기성의 권위와 인습에 정면으로 도전하는 철저한 반항정신과 정직성"이라는 말로 미화(美化)되었다. 또 라즈니쉬는 "아무도 죄인이 아니다. 당신이 삶의 가장 음침한 골짜기에 있다 하더라도 당신은 여전히 하나님이다. 당신은 당신의 신성(神性)을 잃을 수 없다. 나는 당신에게 말한다. 구원받을 필요가 없다. 구원은 당신 안에 있다"[110]는 말을 남기기도 했는데, 이는 전형적인 뉴 에이지의 구호이다.

탄트리즘의 망상에 빠졌던 또 하나의 인물이 세기적 사탄주의자 알레이스터 크롤리(Aleister Crowley, 1875-1947)였다. 크롤리는 그룹 '비틀즈'가 자신들의 역사적 앨범인 「Sgt. Pepper's Lonely Hearts Club Band」에서 존경을 바쳤던 사람이고, 사이코 록 밴드 마릴린 맨슨이 자기 음악의 근원이라고 했던 마법사였다. 크롤리는 자위(自慰) 행위가 마법의 능력을 강화시킨다고 생각했는데, 자위행위를 하는 동안에 강력한 힘을 지닌 초자연적인 존재들의 이름들을 길게 암송하라는 '리베르사메크'라는 의식(儀式) 수행을 주장했다.

뉴 에이지 사상의 뼈대는 '일원론'이다. 일원론에서는 창조

---

110) 로날드 엔로드 외, 같은 책, p.55.

주와 피조물 간의 구분이 없다. 라즈니쉬는 "존재하는 모든 것은 신적(神的)이다. 존재는 신적이다. 존재한다는 것은 신적이라는 것이다"111)라고 말했다.

이런 세계관에서는 당연히 선과 악의 구별도 없다. 선과 악은 같은 것이 된다. 칼 구스타프 융도 일원론자였다. 그의 자서전에 보면 하나님은 선하기도 하고 악하기도 하며 그러므로 하나님과 사단은 한 존재의 양극(兩極)이라는 신성 모독적 설명이 나온다.

인도 브라만교의 영향을 깊게 받은 헤르만 헤세도 [데미안]에서 융과 같은 말을 한다.

"우리는 모든 것을 존경해야 하고 성스럽게 생각해야 해. 세계 전체를 말이야. 인위적으로 떼어 놓은 이 공적인 절반만 그럴 것이 아니라 말이야! 그러니까 우리는 말이야 하나님께 드리는 예배 외에 사단한테 하는 예배도 해야 해. 그게 옳을 거라고 나는 생각해."

유명한 살인마 찰스 맨슨도 일원론에 빠져 살던 사람이다 (그는 비틀즈의 음악 안에 주술적인 암호가 있다고 믿었다). 그는 자신은 선과 악을 구분하는 이원론을 초월한 높은 수준의 의식을 소유했다고 생각했고, 그로 인해 당당하게 살인

---

111) 로날드 엔로드 외, 같은 책, p.58.

을 저질렀다. 사이비 철학에 빠진 자가 얼마나 큰 사회적 문제를 일으킬 수 있는가를 잘 보여주는 예이다.

[*The Tao of Physics*]112)의 저자로 유명한 신과학의 대표적 인물 프리초프 카프라(Fritjof Capra)도 "의식의 궁극적 상태는 그 안에서 모든 경계와 이원론(二元論)이 초월되고 모든 개체성이 분리되어 우주적이고 차별이 없는 하나 됨이 이루어지는 상태"라는 황당한 결론을 내리고 있다. 그러나 성경에서의 하나님의 창조는 '복수성(複數性)'을 띤다. 모든 것이 하나가 절대 아니다.

■ 신지학회의 진화론적 윤회설

헬레나 블라바츠키를 사로잡은 인도 사상은 '윤회'(輪廻)와 '환생'(還生)이었다. 윤회란 죽은 사람이 인간이나 동물의 형태로 세상에 다시 태어난다는 것이고, 환생이란 다시 태어나는 것으로 인간은 이전에도 살았고 이후에도 살 것이라는 사상이다. 이것들은 인간이 영속(永續)하기를 바라는 욕망에 대한 탈(脫)성경적 대안이다. '나는 누구인가'라는 물음이 '나는 누구였나'로 바뀐 것이다.

블라바츠키는 윤회에 대해 아래와 같이 말했다.

---

112) 프리조프 카프라, [현대 물리학과 동양사상], 이성범 역, (범양사, 2006).

"윤회설은 세계의 다른 어느 곳에서도 찾아볼 수 없다. 이는 모든 자아의 영구적인 진보에 대한 믿음이며, 신성한 영혼이 외적인 세계로부터 내적인 세계로, 물질적인 세계로부터 영적인 세계로 옮아가면서 거듭 태어나 궁극적으로는 신의 원리와 합일을 이룬다는 믿음이다...그러므로 하나의 생이 시작될 때마다 영광과 인식, 능력도 배가되며, 이것이 바로 모든 자아가 나아가야 할 길이다."

또한 슈타이너는 환생에 대해 "인간이 지상의 삶을 반복하면서 환생을 거듭하듯이, 우리의 지구 또한 오늘날의 이런 상태에 이르기까지 여러 다른 상태들을 거쳐 왔다. 인간이 이전의 다른 생애를 갖고 있었듯이 지구 역시 이전의 다른 모습을 갖고 있다. 큰 세계든 작은 세계든 그 안의 모든 것은 환생의 법칙을 따른다"고 말했다.

재미있는 것은 신지학회가 윤회라는 개념을 힌두교와 불교에서 가르치는 그대로 받아들인 것이 아니라 재해석하여 자신들의 이론에 도입했다는 것이다. 신지학회는 계속되는 윤회가 영혼의 진화를 완성시켜주는 것이라고만 믿었다. 자신이 상대하는 미국인들이 윤회로 인해 짐승이 될 수 있다는 생각을 받아들이지 않을 것이기에 그것을 무시해 버린 것이다.

블라바츠키의 이러한 '진화론적 윤회설'은 프랑스 강신술(降神術)학회의 설립자인 앨런 카르덱(Allan Kardic)의 영향

앨런 카르덱

을 받은 것이다.

윤회와 환생의 핵심은 인간은 계속 존재한다는 것이다. 즉 최후의 심판은 없으며, 인간을 심판하는 하나님은 존재하지 않는다는 것이다. 신지학회에서 말하는 윤회의 결론은 이것이다. 하지만 성경은 분명히 "한번 죽는 것은 사람에게 정하신 것이요 그 후에는 심판이 있으리니"(히 9:27)라고 말한다.

전생의 삶이 다음 삶의 결과라는 윤회사상은 운명론(運命論)으로 연결된다. 고통과 가난의 이유가 전생의 업 때문이라면 그것을 벗어날 방법도 없고, 자신의 삶을 개척하기 위해 애쓸 필요도 없다. 윤회사상에 따르면 위험에 빠진 사람을 구해 줄 필요가 없다. 업에 의한 인과응보이기 때문이다. 인간은 이렇게 말도 안 되는 논리를 지혜라며, 전통 철학이라며 섬기면서 살아간다. 하나님을 떠난 인간들이 머무른 지점은 허무한 것에 굴복하는 것이다. 인간이 인간답게 살아가는 방법은 오직 성경 진리를 따르는 것뿐임을 또 다시 확인하게 된다.

앞서 언급한 라즈니쉬도 자신이 환생한 것이라고 주장했었다. 그는 당시 자기가 하고 있는 일이 7세기 전에 자신이 시작한 일을 마무리 짓고 있는 것이라고 했다. 자신은 전생에 많은 수의 제자를 거느린 106세의 '보디샤트파'로서 완전한 깨달음에 도달하여 영원히 육신을 벗어날 순간에 있었는데, 따르는 사람들이 미래에 환생하는 것을 돕기 위해 깨달음을 얻기 3일 전 자살했다는 말도 안 되는 말을 했다.113)

기독교 내부에서 '뉴 에이지 운동'을 비판하는 것을 못마땅하게 생각하는 사람들이 있다. 이들은 뉴 에이지는 그렇게 위험하거나 죄악된 것이 아니라고 말한다. 그러나 그러한 주장은 뉴 에이지 사상의 정체를 제대로 모르는 데서 기인한 것이다.

앞서 살펴본 바와 같이 기독교 최대의 베스트셀러인 조엘 오스틴의 [긍정의 힘]이 뉴 에이지 운동의 일종인 신사상 운동의 세계관을 담고 있다. 뉴 에이지는 교회와 성도의 바로 코앞에 있는 것이다. 기독교의 뉴 에이지 세계관에 대한 비판은 정당한 것이며 시급한 것이다.

성경은 분명 여러 곳에서 성경의 인도 없이 영적인 것을 추구하는 행위에 대해 경고하고 있다. 인간은 하나님에 의해

---

113) 로날드 엔로드 외, 같은 책, p.52.

서 창조를 받은 존재들이기 때문에 신지식(神知識)을 가지고 있다. 그러나 신지식을 갖고 있다는 사실이 그것을 '잘 다룰 수 있다'는 것을 보장해 주는 것은 아니다. 그래서 우상숭배자도 있는 것이고 뉴 에이저(New Ager)도 존재하는 것이다.

뉴 에이지 운동은 명상, 참선(參禪), 요가, 정신요법 등을 통해 인간 의식의 확장과 혁명을 이룰 수 있고, 이를 통해 인간이 신이 될 수 있으며(이미 신이고) 이러한 능력으로 인간에게 닥치는 고통과 난제들을 전부 해결할 수 있을 것이라고 주장한다. 인간이 무언가를 시도해서 안 되는 일은 없다는 것이다. 기(氣), 프라나, 쿤달리니는 뉴 에이저들에게 단순한 힘이 아니라, 신격화(神格化)된 에너지이다.

■ <X 파일>과 신비주의

인기 텔레비전 드라마 <X 파일>시리즈(1시즌~9시즌)는 마니아들의 절대적인 지지를 받는다는 면에서 '컬트'(cult)에 속한다고 볼 수 있다. 크리스 카터가 제작을 맡은 이 시리즈는 1993년 9월 10일 폭스 채널에서 방영이 개시된 이후 '엑스 필'(X-philes)이라는 많은 컬트 팬들을 낳았고, 하나의 문화현상, 하나의 시대정신으로 평가 받으며 커다란 인기를 누렸다(한국도 마찬가지이다).

두 주인공 데이빗 듀코브니 (폭스 윌리엄 멀더 요원 역)와 질리안 앤더슨(다나 캐서린 스컬리 요원 역)은 스타의 반열에 올랐고, 이 드라마는 골든 글로브 최우수 드라마상을 수상하며 데이비드 린치가 만든 미스터리 스릴러 <트윈 픽스>를 잇는 최고의 '컬트 드라마'가 되었다(데이빗 듀코브
니는 <트윈 픽스>에 출연하기도 했었다).

드라마에서 'X 파일'은 FBI가 해결하지 못한 미스터리한 미해결 사건들을 모아 놓은 극비문서철을 말한다. <X 파일>은 멀더와 스컬리라는 두 남녀 수사관이 난해한 사건에 개입하고, 그것을 추적하면서 미궁(迷宮)으로 빠져드는 드라마이다.

그렇다면 무엇이 사람들로 하여금 꼼짝없이 1시간 동안 <X 파일>을 보게 만들었는가? 사실 이 드라마는 사람들의 호기심을 자극하는 온갖 요소들로 넘쳐난다. '혼성 잡종 장르'라는 말이 어울릴 정도로 다양한 장르와 주제를 뒤섞어 흥미를 더하고 있다.

외계인, UFO, 4차원의 세계, 악마, 마녀, 밀교(密敎), 정부의 음모, 초능력, 돌연변이, 복제인간, 예언, 최면, 사후세계 등 신비주의 항목들(초정상행위paranormal activity)이 줄줄이 늘어서 있다.

방영 제목 몇 개만 살펴봐도 사람들이 왜 그토록 이 드라마에 열광하는 지를 쉽게 짐작할 수 있다. '외계에서 온 불청객', '복제인간의 최후', '유령의 집', '암흑 속의 진실', '악마의 흉상', '꼬리 달린 남자', '죽음의 예언', '죽지 않는 유충', '살아 있는 흡혈귀', '세기말의 새벽', '존재의 저편' 등.

제목에서 알 수 있듯 <X 파일>은 신비주의적이고 초과학적인 항목들을 주로 다룬다. '신비주의'와 '오컬트'에서 차용한 자극적이고 솔깃한 요소들을 드라마 곳곳에 배치해 놓고 때로는 진지하게 때로는 오락적으로 이것들을 풀어 나간다. <X 파일>이 흥미로운 건 사실이다.

<X 파일>은 "진실은 저 너머에 있다"(The truth is out there), "모든 것을 부정하라"(Deny everything), "아무도 믿지 말라"(Trust no one)라는 카피로 유명하다. 진리는 지금 이곳에 존재하지 않는다는 것이다. 기존에 있었던 것은 진리가 아니라는 것이며, 진리라고 알려져 있는 것들을 부정하라는 것이며, 기존의 진리를 믿지 말라는 것이다.

뉴 에이지 운동은 포스트모던한 정서를 가지고 있다. 포스

트모더니즘의 전제(前提)가 '이분법적 가치 판단의 유보(留保)'이다. 옳고 그른 것을 칼로 자르듯 날카롭게 구분할 수 없다는 것이다. <X 파일>이 모호함에 의해 지배되는 것은 이런 이유에서이다. <X 파일>은 '지배 문화'(기독교)가 진리로 제시하는 것과는 '다른' 진리와 가능성을 믿고 싶어 하는 사람들을 위한 드라마이다.

인간은 본능적으로 미지(未知)의 세계를 동경한다. 인간은 본능적으로 '변신'을 꿈꾸며 이전과는 '다르게' 살고 싶어 한다. '3차원'이라는 생의 근거지를 벗어나 보려는 인간의 공상은 그 시초를 기억할 수 없을 정도로 인류의 역사와 계속 함께 해왔다.

사실 인간이 인간의 조건을 넘어서는 길은 공상 외에는 없다. 뉴 에이지 운동에서 내세우는 윤회니, 해탈이니, 환생이니 하는 것들은 모두 3차원을 뛰어 넘으려는 두뇌의 장난이다. 미지의 것에 대한 갈망은 인간의 본성에 속한 것이다. 한계를 넘어 새로운 차원을 구성하려는 '미지와의 조우(遭遇)'의 욕망은 인간에게 큰 자극을 주는 늘 소비되고 패러디 되는 패턴 중 하나이다.

상식을 벗어나 보려하고, 기존의 도그마를 인정하지 않고, 당대의 과학을 넘어서려고 하고, 인간의 언어체계를 초월하려는 시도를 통해 사람들은 생소함과 마주치고 싶었고, '그럴 수도 있겠다'라는 쪽으로 자신을 이동시켰고, 뭔가 새로운 이론으로 자신을 조직하기를 원했다. 미지의 힘, 미지의 차원, 미지의 운동 등을 공통분모로 많은 사람들은 그 블랙홀에 빨려들었다.

<X 파일>의 주요 소재는 '심령론'(心靈論)과 'UFO/외계인'이다. 심령론이란 초자연 현상과 초정상 현상을 다루는 이론으로, 뉴 에이지 운동에서 사용하는 초감각적 지각(ESP, extrasensory perception), 예언, 점술, 텔레파시, 마인드 컨트롤, 영매술(靈媒術, Channeling), 투시력(透視力), 비술(秘術), 심령 치료사, 환생, 샤먼 등을 말하는데, <X 파일>은 이 소재들을 거의 매번 다룬다.

UFO와 외계인이 드라마의 기반을 이루는 가운데 주인공 멀더의 동생은 외계인에게 납치된 것으로 설정되어 있다. 그런데 <X 파일>이 UFO와 외계인을 다루는 관점은, 기존의 과학지식으로 설명 할 수 없는 것들을 전부 외계로부터 기인했다고 본다. 즉 외계인 소재는 기독교의 도그마에 불응(不應)하는 경향을 드러내고 있다.

<X 파일>은 하나님에 의한 창조가 아니라 '외계진화론'(외계유입론)을 주장하고 있는 것이다. 브라이언 드 팔마가 감독한 영화 <미션 투 마스>는 지구인의 조상이 '화성인'이라는 결론을 내리고 있다.

외계유입설은 '생명의 기원'에 대한 답을 진화론에서 찾는 것이 불가능해지자 주장된 이론이다. 생명체에 필요한 복잡한 분자(단백질, 효소, DNA)가 저절로 우연히 만들어지는 것이 불가능하다고 생각한 사람들은 외계인이 UFO에 박테리아를 실어 지구로 보냈다는 주장을 하게 되는데, 이 이론 (汎種說, directed panspermia)의 제안자는 다름 아닌 DNA 발견으로 노벨상을 수상한 프란시스 크릭(Francis Crick)이다.

■ UFO 종교들과 그레이엄 핸콕

UFO와 관련된 종교들이 적지 않은데, 그중에 대표적인 것이 '사이언톨로지'(Scientology)와 '라엘리안 무브먼트'(Raëlism)이다.

'사이언톨로지'는 영국의 SF 소설가인 라파에트 론 허바드(Lafayette Ronald Hubbard, 1911-1986)가 만든 종교이다. 이 단체의 주장은 그야말로 SF소설 같은 것으로, 핵심적인 주장은 '인간이 신'이라는 것이다.

사이언톨로지는 모든 인간은 원래 '테탄(Thetans)'이라는 신이라고 주장한다. 우주를 창조한 테탄은 그들이 만든 피조물로 화신했으며, 그 때 자신이 신이라는 정체성을 잊어 버렸다고 한다. 그러므로 다시 인간의 진정한 정체(인간은 신이다)를 깨닫게 해 주기 위한 심리요법적 과정을 제시한다. 이 종교의 성실한 추종자가 할리우드 영화배우 톰 크루즈인데, 그는 자신이 이 종교를 믿으면서 IQ가 높아졌다는 발언을 하기도 했다.

론 허바드

'라엘리안 무브먼트'는 인간은 외계인 창조자 '엘로힘'이 2만 5천년 전에 DNA 합성을 통해 창조한 것이라고 주장하는 종교이다. 교주인 클로드 보리롱 라엘은 전직 자동차 잡지 저널리스트였다. 그는 자신이 1973년 12월 13일에 프랑스의 클레몽-페랑 근처 화산에서 UFO를 보았고, '엘로힘'이라는 외계인이 자신에게 인류의 기원을 알려주는 메시지를 맡긴다고 하였으며, 그를 '라엘'('메신저'라는 의미)이라 부르겠다고 말했다고 주장한다. 또한 그 외계인은 "신은 존재하지 않는다. 우리가 지구상의 모든 생명체들을 창조한 바로 그들이다"라고 말했다고 한다.

라엘은 예수, 붓다, 모세, 마호메트, 조셉 스미스 등은 모

제 3 장 인도 사상과 뉴에이지 세계관   119

두가 인류의 진보를 위해 외계인 엘로힘이 보낸 외계인들이었으며, 라엘 자신은 엘로힘에 의해 선택된 마지막 예언자라고 주장한다.

또한 그는 엘로힘이 "인간이 전통적인 유대-기독교 도덕의 제한에서 자유롭게 되어서 아름답고 섹시한 육감적 삶을 바라고 있다"고 주장하는데(이들은 '동성연애'와 '프리 섹스'를 지지한다), 이 집단이 추종자를 모을 수 있는 이유를 알 수 있는 대목이다. 라엘리안 무브먼트는 모임에서 '섹스 의식'을 행하기도 한다(그들의 말로는 '우주적 오르가즘'을 추구하는 것이라고 한다). 사이비 종교의 공통적 특징 중 하나인 성(性)에 대한 탐닉은 라엘리안 무브먼트의 중요한 가르침이다.

이러한 UFO 숭배 단체와 뉴 에이지 운동은 공통점을 갖고 있는데, 그것은 바로 '자신들의 주장에 의해 이 세상에 새로운 시대가 열린다'는 주장이다. 이런 것을 '천년왕국 운동'(Millenium Movement)이라고 한다.

외계인이 지구로 찾아오는 것은 지구를 혼란으로부터 구원하는 메시아적 가치를 지니는 것이고, 메시아가 온다는 것은 이전 시대는 사라지고 새로운 시대가 시작된다는 것을 의미한다는 것이다(라엘리안 무브먼트는 엘로힘이 지구인과 만날 수 있는 대사관을 건립해야 한다고 주장한다).

뉴 에이지 운동도 마찬가지이다. 잘 알려진 바와 같이 '뉴 에이지'라는 말은 점성술(占星術)에서 나온 용어이다. 점성술에 나오는 춘분점 세차 운동은 12궁(宮)에 따라 움직이며, 각 궁에서 태양은 약 2,100년을 머무는데 지금 시대는 '물고기자리'(그들이 말하는 '기독교의 시대.' 쌍어궁雙魚宮)를 지나 '물병자리'(보병궁寶甁宮, Aquarius)로 진입하는 과정이라고 한다. 뉴 에이지 추종자들은 '물병자리' 시대를, 새로운 영이 도래하여 새로운 의식으로 인류의 정신이 집단 계몽되는 시기로 본다.

[신의 지문], [창세의 수호신], [우주의 지문](이상 도서출판 까치 발행)등의 책으로 유명한 초고대문명 관련 저술가인 그레이엄 핸콕(Graham Hancock)도 '새로운 시대의 도래'를 주장하는 사람들 중 하나이다.

그가 쓴 책들은 결국 하나의 관점을 제시하기 위한 것으로, 그것은 바로 고대 마야(Mayan)의 달력이 2012년 12월 12일에서 끝나기 때문에 그 때 쯤에 세상에 엄청난 일이 일어날 것이라는 근거 없는 주장이다.

피라미드와 같은 건축물은 지금으로부터 1만 5천년전 쯤에 존재했던 고등한 문명을 이룬 사람들에 의해 건축된 것으로, 당시 하늘에서 온 존재들(마야인들은 멸망에 대해 하늘에서 내려 온 신이 알려준 것이라고 기록해 놓았다)이 피라미드에 암호로 지구에 재앙이 언제 닥칠지를 기록했다는 것이다. 핸콕은 그 시기를 고대 마야의 달력에서 발견했다고 말하고 있다. 이는 뉴 에이지 사상과 긴밀하게 연관된 허황된 이론이다.114)

---

114) 그레이엄 핸콕의 이론들의 오류에 대해서는 다음 책을 참조하라. 피터 제임스, 닉 소프, [옛 문명의 풀리지 않는 의문들](상), 오성환 역, (까치, 2001).

제 4 장 사탄이즘과 헤르메티카

- 우주적 인본주의
- 사탄이즘과 오컬트 문화
- 알레이스터 크롤리와 헤르메티카

■ 우주적 인본주의

인간은 '종교적'(宗敎的)인 존재이다(*Homo Religiosus*). 인간은 어떤 것이든 섬기고야 만다. 그 대상이 초월적인 존재일 수도 있고, 짐승일 수도 있고, 사람일 수도 있고, 어떤 법칙일 수도 있고, 자기 자신(Meism)일 수도 있다.

잘 알려진 대로 프리드리히 니체는 신(神)의 죽음을 선언했다. 그러나 니체는 그와 동시에 '초인'(超人, Übermensch)이라는 신적(神的) 존재에 푹 빠져 있었다는 것을 기억해야 한다. 결국 그는 신을 죽인 것이 아니라 신을 '대체'(代替)한 것이다. 인간의 본능인 초월적인 것에 대한 목마름이 그에게는 초인 사상으로 나타난 것이다. 신을 저주하는 사람도, 신이 없다고 주장하는 무신론자도 결국 신을 발견하고야 만다.

신 자체와 초월적인 모든 것에 적대적인 인본주의(人本主義)도 매우 '종교적'이다. 인본주의는 성경진리를 반대하기 위해서 이것저것 아무 것이나 '믿어'버리고만 '종교적' 세계관이다. 이들은 자기들이 진리라고 생각하는 것에 철저히 복종하면서 살아간다(광신狂信은 종교세계에만 있는 것이 아니다. 인본주의자들은 인본주의를 '광신'한다).

인본주의의 기초는 '자연주의'(naturalism)이다. 자연주의란 자연의 존재하는 모든 것의 전부라는 신념이다(유물론). 초월적 존재는 존재하지 않으며 이 세상을 오직 자연의 내재적(內在的) 힘에 의해서만 설명해야 한다는 것이다.

로버트 저메키스의 영화 <콘택트>의 원작자인 천문학 교수 칼 세이건은 자신의 베스트셀러 [코스모스]에서 "우주만이 존재하고 존재했고 존재할 모든 것이다"라고 쓰고 있다.

도올 김용옥이 독창적인 이론이라며 자랑하는 그의 기철학(氣哲學)은 자연주의의 다른 이름에 불과하다. 그는 다음과 같이 말한다.

"이 우주에 관한 궁극적 사실은 우주가 氣로 구성되어 있다는 것이다. 따라서 신을 포함한 우주의 모든 존재는 氣라는 현실태와의 관련 속에서 설명되어야 한다. 氣가 아닌 存在는 없다. 인간의 의식이나 사고나 언어도 모두 기에서 현현하는 것이다. 기 이외의 초월적인 계기의 도입이 없이 기 자체만으로 우주의 생성과정을 설명하려는 노력이 곧 나의 기철학이다. 우주는 우주 그 자체만으로 내재적으로 설명되어야 한다."[115]

자연주의의 과학적 버전이 바로 '진화론'(進化論)이다. 이 세상이 갖고 있는 힘만으로 이 세상에 있는 모든 것이 생겨났다고 주장하기 위해서는 이 세상 자체에 대단한 창조 능력이 있어야 한다(그러므로 진화론은 범신론汎神論의 일종이라고 볼 수 있다. 모든 것이 신이니, 자연도 신인 것이고, 신인 자연은 무한한 창조능력을 갖고 있다는 것이다).

'진화'는 바로 이 '창조 능력'에 대한 증거로 제시하기 위해 주장된 것이다. 모든 존재가 '우연히' 그리고 '저절로' 생겨났다는 것이다. 자연은 많은 시간만 주어진다면 그런 일을 해낼 수 있는 힘을 가지고 있다는 것이다.

진화론자들은 창조주라는 개념을 끌어들이지 않아도 온 우주를 전부 설명할 수 있다고 주장한다. 즉 생명의 기원에 대한 문제로부터 시작해서 모든 것을 진화론의 입장에서 설명하려는 것이 '과학적 자연주의'라는 인본주의 신앙이다.

인본주의의 또 다른 버전이 바로 '뉴 에이지 운동'이다. 진화론이 창조주를 제거한 후 '물질적'인 것으로 우주론(宇宙論)을 정립하려고 했다면, 뉴 에이지 운동은 하나님을 제거한 후 '영적'인 것으로 우주론을 세우려고 하는 신앙이다. 진화론은 영적(기독교 교리)인 것을 배제하는 것이 인간의 해

---

115) 김용옥, [도올 논어 3], (통나무, 2001), pp.316-318.

방이라고 본 것이고, 뉴 에이지는 모든 것을 영적으로 설명하는 것을 해방이라고 본 것이다.

뉴 에이지는 유물론과 합리주의에 대한 반발에서 출발했다. 서구 근대화의 삭막한 단조로움에서 벗어나려는 사람들이 결국 도달한 곳이 '뉴 에이지 신비주의'이다. 이것이 인간 선택의 한계이다. 인간은 합리주의와 신비주의 둘 중의 한 군데로 쏠리게 되어 있다(뉴 에이지 운동은 1960년대부터 불기 시작한 동양을 발견하자는 붐이 만들어낸 것이다).

사람들은 흔히 '신비주의'와 '합리주의'가 서로 반대되는 것이라고 생각한다. 그러나 전혀 그렇지 않다. 기독교의 입장에서 보면 이 둘은 동일하다. 왜냐하면 합리주의나 신비주의나 모두 인간 안에 있는 '빛과 능력'에 대한 신뢰에서 생겨난 것이기 때문이다.

신비주의자들은 인간 내면에 있는 '잠재력'이라는 빛과 능력으로 인간을 높이는 것이고, 합리주의자들은 두뇌 안에 있는 '이성'이라는 빛과 능력으로 인간을 높이는 것이다. 사람이 곧 궁극적인 진리라는 인본주의가 이 두 가지 세계관을 받치고 있는 기둥인 것이다.

합리주의와 신비주의는 둘 다 인간이 만물의 척도라는 '우주적 인본주의'(Cosmic Humanism)의 이름만 다른 동일한 버전이다. 합리주의는 합리적인 척 하지만 결국 또 다른 신비주의에 불과하다.

창세기 3장 1-7절에 보면 인류의 타락에 대한 내용이 나온다. 그런데 이 본문을 잘 보면 인간이 타락한 원인이 지혜와 지식에 대한 추구 때문이었음을 알 수 있다. 다시 말해서 인간이 하나님을 증오해서 반역한 것이 아니라는 말이다.

뱀은 "너희가 그것을 먹는 날에는 너희 눈이 밝아 하나님과 같이 되어 선악을 알 줄을 하나님이 아심이니라"(5절)라고 말했다. 바로 뒤의 6절은 "여자가 그 나무를 본즉 먹음직도 하고 보암직도 하고 지혜롭게 할 만큼 탐스럽기도 한 나무인지라 여자가 그 실과를 따먹고 자기와 함께한 남편에게도 주매 그도 먹은지라"라고 되어 있다.

즉 하와는 "지혜롭게" 될 것이라는 기대감에서 선악과를 먹은 것이다. 이처럼 원죄의 출발은 지식욕(知識慾, 하나님과 같은 혜안을 소유한 존재가 되고 싶은 욕망)에 따른 것이었다. 지혜와 지식의 근원이신 하나님을 떠나 지혜로워지고 싶어 했던 미련한 생각이 바로 타락의 원인이었던 것이다.

5절을 보면 알 수 있듯 사단이 하와에게 하고 싶었던 말은 '하나님이 인간을 억누르고 있다'는 것이다. 인간이 위대한 존재가 될 수 있는데 하나님이 그 길을 막으려고 한다는 것이다. 요즘으로 말하면 인간이 진보하고 진화할 수 있는데 기독교가 그것을 방해한다는 주장이다. 인간은 하나님을 떠나야만 자기 실현을 할 수 있으니 하나님을 박차고 나오라고 하와를 꾀고 있는 것이다. 이 태초의 사단의 거짓말이 바로 뉴 에이지 운동의 핵심이다. 인본주의가 결국 무엇인가? 합리주의와 신비주의가 결국 무엇인가? 하나님 없이 지혜와 지식을 추구하는 자들이 만들어 낸 악습(惡習)이며, 허황된 이야기일 뿐이다.

진리의 근원이신 하나님을 배제한 지혜와 지식은 인간을 불구(不具)로 만들었지만 인간은 그것을 깨닫지 못하고 있으며, 사람들은 자신이 불구인 것을 인정하지 않으려고 인본주의의 그 엉성한 지식을 자랑하며, 지식의 양으로 지혜에 대한 무지를 방어하면서 살아간다.

인본주의자들의 지식은 겉보기에는 휘황찬란하다. 내용도 방대하고, 수사(修辭)도 멋지고, 사용하는 용어들도 어려워서 뭔가 대단한 주장을 하는 것으로 보인다. 하지만 장식들을 걷어내고 내부로 들어가 보면 우스운 이야기가 대부분이다. 하나님을 배제하고 사람을 진리의 기준으로 삼은 지식이 온전한 것일 리가 없다.

하나님 없이 지혜와 지식을 추구하는 것은 사단에게 속는 것이다. 사단의 거짓말에 넘어간 인간은 지혜로운 존재가 되기는커녕 선(善)에 무지하고 선을 행할 능력은 퇴보된 반면,

오직 악(惡)을 알고 악을 행하는 능력만 커져 버렸다. 하나님을 떠나는 것은 이처럼 위험한 일이다.

성경이 하나님께 대한 믿음과 순종을 끊임없이 강조하고 있는 이유는 그것이 없으면 사람이 위험해지고 바보가 되기 때문이다. 하나님의 명령은 그 명령에 불순종할 때 닥쳐 올 위험을 전제로 하는 것이다. 하나님과 관계없이 만들어진 지식들이 얼마나 난센스들을 많이 만들어 냈는가를 생각해 보라.

김용옥은 "무신론(無神論)은 모든 진정한 합리성의 기초이며 근대적 삶의 기본 요건이다. 무신론 그 자체가 하나의 심오한 신론이라는 것을 우리는 너무 망각하고 있다"라고 말한다. 이처럼 사람들은 하나님을 인정하지 않는 것을 큰 자랑거리로 삼으면서 살아가고 있다.

창세기 3장을 보면서 기억해야 할 또 한 가지는 '완전하게' 창조된 아담과 하와가 사단의 꼬임에 넘어갔다는 사실이다. 마틴 로이드 존스 목사의 말처럼 사단은 '최초의' '완전한' 인간을 정복했다. 완전하게 창조된 인간조차 꼬임에 빠졌다면 그 어떤 사람도 정복당할 수 있다.

이 말은 사실이 되었다. 태초에 있었던 사단의 거짓말은 우리 시대의 정신을 형성하고 있다. 최초의 인간이 사단의 말에 속은 것과 같이, 지금 우리 시대의 사람들도 사단의 거짓말에 놀아나고 있다. 이는 무엇을 보여주는가? 인간은 처음 타락했을 때나 지금이나 별 차이가 없다는 것이다. 자기 조상이 속아 넘어갔던 그대로 지금 인간들도 속고 있다.

모든 인간 안에 있는 빛과 능력이 있다고 믿으며, 인간을 만물의 중심에 놓는 사람들을 '신광(神光) 그룹'(Divine Light Group)이라고 한다. 이 그룹에 속한 사람들은 초월적 신에 대해 신경 쓰지 않고, 인간 안에서 발견할 수 있는 신성(神性)을 강조한다. 헤르만 헤세, 칼 구스타프 융, 영지주의 등이 여기에 속한다.

헤르만 헤세는 이교(異敎) 신비주의자였다.[116] 그가 1943년에 쓴 글에 보면 아래와 같은 내용이 나온다.

"종교라는 것은 한편으로는 신과 나에 대한 인식이요, 다른 한편으로는 변덕스러운 개인적 자아로부터 벗어나 독립하도록 해 주고, 우리 안에 있는 신적(神的)인 것에 다가 갈 수 있도록 해 주는 영적인 실습이자 연습체계인 것이다."

헤세가 쓴 소설의 주제는 '자아실현'이다. 헤세가 말하는 자아실현은 곧 신성과의 합일이다. 그는 [짜라투스트라의 귀

---

[116] 상세한 것은 다음 책을 참고하라. 정경량, [헤세와 신비주의], (한국문화사, 1997).

환]에서 "너희들은 너희 자신 속에 있는 신을 찾는 법을 배워라!"라고 말하며, "너희들의 미래와 너희들의 어려운 길은 이 길이다. 즉 성숙하게 되는 것 그리고 너희 자신 안에서 신을 발견하는 것 말이다. 너희는 항상 신을 추구했다. 그러나 결코 너희 자신 안에서는 추구하지 않았다. 신은 그곳 이외에는 아무데도 없다. 너희 자신 안에 있는 신 외에 다른 신은 없다"고 말한다.

헤르만 헤세

헤세는 모든 종교를 통합하고자 했다. 그의 책 [클라인과 바그너]에 보면 "그렇게 모든 사람들이 가르쳤었다, 온 세계의 모든 현자들이, 부처가, 쇼펜하우어가, 예수가, 그리스도인들이. 단 하나의 지혜, 단 하나의 신앙, 단 하나의 사상만이 있을 뿐이다. 그것은 우리 안에 있는 신에 대한 지식이다"라고 쓰고 있다.

칼 구스타프 융은 뉴 에이지 운동에 가장 큰 영향을 준 사람 중 한명이다. 융은 자신의 이론들이 '빌레몬'이라는 유령이 알려준 것이라고 말하며, 자신은 귀신들의 방문을 많이 경험했다고 주장했다.

그는 자신이 죽은 자들과 대화했었고, 그들과 같이 여행을 하기도 했다고 쓰고 있다. 그는 자기 이론의 전제들이 '영지주의'에서 온 것임도 말한다. 융은 아내 사망 후 돌로 성을 쌓고 돌에 신비주의적 상징을 새겨 넣었다. 그는 아내가 환생할 것이라고 믿었다.

뉴 에이지 운동은 신광그룹의 생각과 동일하다. 인간의 잠재적 능력을 신뢰하라는 것이다. 인간을 구원하는 것은 예수 그리스도가 아니라, 인간 스스로임을 강조한다. 사람들은 이제 신을 부인하는데서 멈추는 것이 아니라, 인간 스스로가 바로 신이라고 선포한다. 무신론으로는 만족하지 못하는 것이다. 하나님을 버린 인간들은 이렇게 스스로 지옥을 만들면서 살아간다. 지옥은 예수 그리스도의 재림 후에 가게 되는 곳이 아니다. 지옥은 인본주의자들이 늘 선택하는 바로 그것이다.

■ 사탄이즘과 오컬트 문화

'사탄이즘(Satanism, 악마주의) 문화'나 '반(反)기독교 문화'와 같은 표현을 못마땅하게 생각하는 사람들이 많이 있다. 그들은 기독교가 '무턱대고' 모든 문화를 기독교적인 것과 반기독교적인 것으로 양분한다며 짜증을 낸다.

그러나 기독교는 세속문화에 '무조건' 부정적인 혐의를 씌우는 것이 아니다. 비판 받아 마땅한 것들을 비판하는 것뿐이다. 기독교가 문화를 비판하는 이유는 병든 문화, 병든 정신 상태가 분명히 존재함을 알리기 위한 것이다. 사단은 분명히 존재하고, 지금도 활동하고 있다. 이것은 전혀 과장이 아니며, 문화를 분석하는 세속의 지식인들에게 감추어진 면들 일 뿐이다.

문화는 언제나 비평의 대상일 수밖에 없다. 인간의 삶의 방식이 전부 허용될 수 없듯이, 문화 역시 항상 '평가'를 받아야 한다. 진리와 도덕적 가치를 허무는 악마적이고, 반윤리적이고, 외설적이고, 반사회적인 현실문화에 대한 적극적이고 비판적 접근이 필요하다. 시대가 변하고, 문화가 변하고, 삶이 변하고, 사람들의 생각이 변한다고 하더라도 좋은 것은 좋은 것이고, 나쁜 것은 나쁜 것이다.

'사탄이즘 문화'란 간단히 말해 하나님을 대적(對敵)하는 문화이다. 인간은 하나님께서 주신 목표를 따라 살도록 창조함을 받았으나, 인류의 타락으로 인해 하나님 없는 문화가 생겨났고, 그것이 유지되고 있으며, 그 문화 때문에 사람들은 더 많은 죄를 짓고 있다. 타락한 인간, 타락한 문화는 하나님이 기뻐하시는 가치를 멸시하고, 자신의 더러운 욕망을 충족시키는 삶을 택한다. 사탄이즘 문화는 사람들로 하여금 기독교를 받아들이지 못하게 만드는 모든 방해를 의미한다.

병든 문화, 병든 사회는 분명히 존재한다. 사탄이즘 문화도 분명히 존재한다. 정상적인 인간이라면 정상적인 문화와 비정상적인 문화를 구분할 수 있다. 왜냐하면 기준이 있기 때문이다. 분명히 인간에게 혹은 문화에 '적합한' 정신 건강 상태에 대한 기준이 있고, 그 기준에 의해서 각 사람과 문화의 건강 상태가 판단될 수 있다.

그러나 많은 사람들이 이 기준을 버리고 말았다. 그 이유는 사람들이 더 이상 진리 추구에 관심을 갖는 것이 아니라, 자기가 좋아하는 것, 당장의 필요들, 심리적 만족감 등에 더 많은 관심을 기울이고 있기 때문이다. 그저 즐겁고, 유쾌하고, 자기 취향에 맞는 것을 좋아한다. 사람들은 자기를 만족시킬 수 있는 즐거움들을 찾아 헤맨다.

포스트모던 시대는 질서보다는 무질서가, 보편성보다는 상대성이, 규범성보다는 무(無)규범성이 판을 치게 되는 시대이다. 포스트모던 시대는 이것도 진리일 수 있고, 저것도 진리일 수 있다는 감상적인 겸손에 빠져, 확실한 진리가 존재한다는 것을 믿지 않는 시대이며, 진리와 가치의 객관적 실재를 부정하는 시대이다.

이런 어리석은 세계관에 인본주의자들은 지적(知的) 성격을 부여했고, 그로 인해 뭔가 '있어 보이는'(근사해 보이는) 것 같은 착각에 빠지게 되었다. 인본주의자들은 기독교 가치관에 반발하려는 데서 출발한 이런 피상적 극단주의의 길을 가게 되었고, 자기의 주인인 하나님을 폐위시키고 그 대가인 '허무'와 '무의미'에 사로잡히고 말았다.

1960년대의 반(反)체제 문화 운동에는 '오컬트'(occult)의 부활이 포함되어 있었다. 60년대 반문화 운동은 모든 종교를 반대한 것이 아니다. 그것은 '기독교'에 대해서만 반발한 것이다. 반문화 운동은 '세속화'가 아니라 '종교화'이다. 기독교 밖에 있는 영성들에 대한 관심이며 지지인 것이다.

오컬트의 사전적 정의는 근대 과학의 도구들에 의해서 측정되거나 인식될 수 없는 자연 또는 우주 안에 숨겨지고 감추어진 힘들을 끌어내는 의도적인 실천들, 기술들, 절차들을 말한다. 사전은 오컬트를 이처럼 매우 고상해 보이게 기술하고 있지만, 오컬트라는 것은 간단히 말해 주술, 마법, 부적, 예언, 강신술, 점성술 같은 행위를 통틀어 일컫는 것이다.

기독교에 대한 거부는 오컬트의 부활과 부흥을 가져왔고, 오컬트는 정신적 공백을 메꾸어 줄 유사종교(類似宗敎)로 기능했다. 악마주의적 요소를 많이 포함하고 있던 오컬트는 사람들의 초월적인 것에의 관심을 잘못된 방향으로 이끄는 역할을 했다.

1966년에 앤튼 샌더 레비(Anton Szandor LaVey)라는 사람이 '사탄교회'(The Church of Satan)를 세운다. 이는 그리 새로운 것이 아니다. 역사적으로 어느 시대에나 하나님을 대적하고, 적그리스도에게 충성을 다짐하는 사람들이 있었기 때문이다.

현대 사탄이즘의 기초는 '반(反)기독교주의'와 '반(反)도덕주의'이다. 레비는 자신이 사탄이라는 용어를 사용하는 것이 기독교에 대한 강한 거부를 나타내기 위함이라 밝힌바 있고, 사탄이즘은 자기 자신의 필요, 욕망, 믿음 그리고 목적을 최고의 것으로 여기는 반도덕주의임도 밝힌 바 있다.

특히 반기독교주의의 측면은 사탄이즘이 사람들에게 공감을 얻어낸 큰 이유이다. 기독교를 진리로 인정하기 싫어하는 사람들에게 '편협하고 무능력한 기독교'를 외치는 사탄이즘은 큰 매력으로 다가왔다. 이교주의는 기독교의 억압으로 잃어버린 최상의 지혜로 과장되기 시작했고, 계몽주의가 자신이 약속했던 유토피아를 가지고 오지 못한 것에 대한 반발로, 무규범과 무질서를 세계의 근원으로 인정하고 살아가는 문화가 생겨났다. 기독교 교리에 대해서는 앞 뒤 가리지 않고 악착같이 비판하면서도, 괴상하고 우스꽝스러운 주술적 사고들에 대해서는 무조건 인정해 주는 움직임이 나타난 것이다.

사탄이즘의 실체는 '세속 인본주의'이다. 사탄주의자들은 인류의 희망을 무한한 잠재력을 갖고 있다고 믿는 인간성에서 기대하며, 자신들 마음대로 삶을 꾸리기 위해 기독교를 거부한다. 사탄이즘과 오컬티즘은 인간을 세상의 중심으로 보며 인간을 우주적 차원으로 부풀린다. 프리드리히 니체는 "인간이 매우 고귀하게 되거나 신성하게 되거나 신과 같이 되는 것이 비록 사실에 있어 종종 보이지는 않지만 인간성의 일부분"임을 강조한다. 이런 말장난이 사회를 혼란에 빠뜨리는 것이다.

레비의 [사탄 성경](*The Satanic Bible*)은 저질과 퇴폐로 일그러진 삶(하나님을 떠난 자들이 치러야 할 대가)을 위한 쾌락주의적 격언의 모음집이면서, 일관성 없는 오컬트의 잡탕이다.

역사학자 제프리 버튼 러셀(Jeffrey Burton Russell)의 말처럼 반체제문화운동의 영향으로 나타났던 조직화된 오컬트/사탄숭배는 많이 쇠퇴했지만(완전히 사라진 것은 아니다) 그 영향력은 그대로 남아있다. 비술(秘術)의 본질인 인간을 만물의 척도로 보는 인본주의 세계관과 사탄주의적 가치에 동조하는 '문화적인 사탄숭배'의 자취는 아직도 많이 남아있다.

예를 들어 AC/DC, Coven, Black Sabbath, Kiss, Slayer, Deicide, Witchfynde, Marilyn Manson, Led Zeppelin 등의 헤비메탈 벤드들은 잔인함, 폭력, 방종, 우울, 마약 남용과 같은 사탄주의적 가치에 몸을 맡겼다.

오컬트 영화는 사탄, 마술, 악령숭배, 초자연적 현상이 소재로 등장하는 영화이다. 대표적 영화로 로만 폴란스키 감독의 <악마의 씨>(1968), 윌리엄 프리드킨의 <엑소시스트>(1973), 리처드 도너의 <오멘>(1976) 그리고 테일러 핵포드 감독의 <데블스 에드버킷>(1997)을 들 수 있다.

<피아니스트>, <나인스 게이트>로 잘 알려진 로만 폴란스키의 <악마의 씨>는 사탄이즘에 가장 가까운 접근을 보인 영화로 평가 받는다. 이 영화는 로즈마리라는 여주인공이 자신을 잘 대해주는 이웃들이 사탄숭배자라는 사실을 알게 되는 과정을 보여준다. 로즈마리는 악마의 씨를 갖게 되고 결국 그 사실을 알게 되지만, 이미 적그리스도를 낳은 뒤이다. 로즈마리는 자신이 사탄의 어머니가 되었다는 사실을 체념으로 받아들인다.

이 영화가 주목받는 이유는 어린이가 악마의 매개체로 등장한 거의 최초의 영화이기 때문이다. <악마의 씨>는 사탄숭배자들로부터 사탄이즘을 제대로 그린 영화라는 말을 듣

기도 했는데, 실제로 감독인 로만 폴란스키는 이 영화를 만들면서 사탄교회 교주인 앤튼 샌더 레비의 조언을 받은 것으로 알려져 있다(폴란스키의 1974년작 <차이나타운>은 시나리오 작가인 로버트 타우니의 의견을 무시하고 악인이 승리하는 결말을 취하게 만들었다).

윌리엄 프리드킨의 <엑소시스트>는 12살의 소녀가 악마의 지배를 받으면서 신부와 대결을 벌인다는 내용이다(결국 악마는 신부에게 들어간다). <엑소시스트>는 2000년 「피플」과 「엔터테인먼트 위클리」가 선정한 '가장 무서운 영화' 1위에 뽑혔으며 오컬트 영화 붐을 불러일으킨 영화이다.

1973년 12월 26일 미국 전역에 개봉되어 무려 1억 6천만 달러의 흥행 수입을 올린(윌리엄 블래티의 원작 소설도 73년에 출간되어 1년 만에 2천만 부 이상이 팔렸다) <엑소시스트>는 사회적으로도 큰 소동을 일으켰다. 영화를 보다 기절을 하고, 구토를 하고, 임산부가 유산하는 일까지 발생한 것이다.

이뿐만이 아니다. 9살 소녀를 살해하여 체포된 10대 소년 니콜라스 벨은 법정에서 "이건 내가 아니다. 내 안의 누군가가 저지른 것이다. <엑소시스트>를 본 뒤 내 안에 그것이 들어왔다. 무엇인가가 나를 지배하고 있다"는 증언을 했다. 프리드킨은 세트장에 화재가 발생하자 세트장에서 엑소시즘

(exorcism)을 행하기도 했다. 원작자인 블래티도 2000년 영국 일간지 「가디언」과의 인터뷰에서 "나는 <엑소시스트>에서 우리가 의도한 것 이상의 어떤 힘을 느꼈다"고 회상했다.

리처드 도너의 <오멘>은 양자로 데려온 아이가 사실은 악마이며 성장하여 상류사회로 진출한다는 내용인데, 결국은 사탄이 승리한다는 암시를 주는 장면으로 마무리 된다. <오멘>의 원제목은 <*The Antichrist to the Birthmark*>이었으나, 영화 촬영 도중 큰 사고들이 계속 발생하자 제목을 <오멘>으로 변경하였다.

테일러 핵포드의 <데블스 에드버킷>은 악마의 씨를 받아 태어난 아들은 아무 것도 모른 채 자랐고, 어머니는 그의 출신 성분을 숨긴 채 키워왔지만, 계속 자신을 지켜보고 때를 기다려왔던 사탄의 지배에서 자유로울 수 없다는 설정이다.

젊은 부부가 사탄 숭배자들이 사는 센트럴 파크 아파트촌으로 이사를 온다. 야심가인 변호사 남편이 그들과 교제하며 탄탄대로를 달리는 동안, 외로운 아내는 악몽과 환상에 시달린다. 야망과 야욕과 음모의 도가니인 현실 사회 속에서 악마의 씨를 받아 태어난 아들은 더욱 단련되고 완벽한 악마의 형상을 띠게 된다. <데블스 에드버킷>은 초현실적 사탄이즘의 공포가 부도덕한 현실의 공간과 만나면서 극대화된 경우이다.

■ 알레이스터 크롤리와 헤르메티카

앞서 간단히 언급한 알레이스터 크롤리를 빼놓고 사탄이즘을 이야기할 수 없다. 그는 오컬트와 마법으로 기독교적인 모든 것을 파괴하려고 했던 사람이다. 크롤리는 자신을 악마 루시퍼와 동일시하면서 어둠의 세력과 밀착된 삶을 살았다. 크롤리는 전 세계의 반기독교 세계관을 추종하는 사람들에게 경배의 대상이 되는 인물이다. 크롤리는 헬레나 블라바츠키가 자신의 커다란 과업을 위한 준비인 것으로 간주했었다.

2003년, 국내에서 [미스터 크롤리]117)라는 크롤리에 대한 평전이 출간됐다. 이 책의 저자 소개는 다음과 같다.

"1999년 마법단체 동방성당기사단(Ordo Templi Orientis)에 입문하여 서양의 전통 제식마법과 헤르메스 철학(헤르메티시즘, Hermeticism)의 비전(秘傳)을 전수했다. 현재는 한국에 서양 마법의 지혜와 사상을 전하는 데 헌신하고 있다."

이 책의 머리말에서 저자는 "그리스인들이 모셨던 헤르메스 신과 디오니소스 신이나 키벨레(Cybele) 여신, 그리고 이집트인들이 모셨던 이시스 여신과 오시리스 신 그리고 호루

---

117) 금기진, [미스터 크롤리] (모자이크, 2003).

스 신 등은 한국인들에게 단군왕검이나 예수 혹은 붓다만큼이나 현실적인 존재들이다. 하지만 이러한 서양의 영적인 탐구는 그리스도교의 탄압으로 인해 지하로 숨어들어야만 했다. 이 지혜들은 일반인들이 쉽게 접할 수 없는 비밀스러운 학문이 되어 오컬트, 즉 은비학(隱秘學)이라는 명칭으로 불리며 오직 소수의 선택된 자들에게만 이 눈부신 힘과 지혜가 주어졌던 것이다"118)라고 쓰고 있다.

저자의 오컬트에 대한 애정은 대단히 열정적인데, 그는 오컬트가 "세상의 운명을 바꾸어 놓을 수 있는 힘이었으며 이 지혜는 신의 뜻을 헤아려 우주의 가장 심원한 비밀조차 알아낼 수 있는 지혜"119)라고 주장한다.

"오직 소수의 선택된 자들"이라는 표현은 블라바츠키가 신지학회는 태초부터 소수의 사람들에 의해 은밀하게 전수되어 온 지혜와 지식이 있다고 주장하면서 자신들이 바로

---

118) 금기진, 같은 책, pp.14-15.
119) 금기진, 같은 책, p.15.

그 지혜의 종교의 최종적인 수탁자(受託者)임을 자처한 것과 일치한다(엘리트 의식).

이 책의 중요한 포인트 중 하나는 저자가 오컬트를 기독교와 날카롭게 대조시키고 있다는 것이다("이러한 서양의 영적인 탐구는 그리스도교의 탄압으로 인해 지하로 숨어들어야만 했다"). 이것이 저자가 말하고자 하는 바의 전부이다.

찰스 다윈의 [종의 기원]에 대한 열광이 생명의 기원 문제에 대해 성경의 교리를 벗어날 길을 열어준 것에 대한 열광이었듯이, 오컬트에 대한 열광도 결국 성경의 교리로부터의 탈출을 목표로 한 것이다. 성경 밖에도 참된 지혜는 존재하며 그것만으로도 충분하다는 것이다.

저자 소개와 머리말에서 모두 나타나고 있는 단어가 '헤르메스'이다. "헤르메스 철학(Hermeticism)의 비전(秘傳)을 전수했다"는 표현과 "그리스인들이 모셨던 헤르메스 신"이라는 표현이 등장하고 있다. 헤르메스는 오컬트 추종자들이 하나님과 동등한 수준으로 보는 존재로서 모든 신비주의를 주관하는 신으로 여겨진다.

뉴 에이지 잡지 「정신세계」 2001년 1월호에 실린 「헤르메스가 전하는 은비학의 핵심」(성홍석)이라는 글의 일부를 인용한다.

"...그리스 신화 전체의 원형이랄 수 있는 것은 고대 이집트와 메소

헤르메스

포타미아에 존재한다 할 수 있는데 특히 헤르메스와 관련해선 이집트 쪽의 기원이 더욱 확실시 된다는 것이다. 흔히 태양신으로만 여겨지는 라(Ra)는 원래 원초적 빛의 신으로서 바로 이것의 별칭이 '모든 것을 보는 눈'이었으며 그것의 오른쪽 형상은 해, 왼쪽 형상은 달로 표상되었다. 이때 특히 마법적 기능을 갖는 왼쪽 형상을 보유하는 존재가 제후티(DJEHUTI)라 발음되었다는 이집트의 월신(月神)인데, 이 신을 그리스인들은 토트(THOTH)라 부르며 그들의 달의 신 헤르메스와 동일시 했다...그런데 이런 토트의 신화에는 그가 두 번이나 인간으로 환생했다는 이야기가 있다. 이 일화에 의하면 인간들이 너무나 타락해 홍수로 멸망시킨 이가 사실 토트이고, 이후 자신의 분노에 책임감을 느낀 그가 비참한 삶을 이어가던 생존자들을 위해 일부러 인간으로 태어나 그들을 교육시키고 새로운 이집트를 건설해냈다고 한다. 성스럽게 살다 죽은 그를 사람들은 크네프(KNEPH), 이집트어로 캠아테프(KEMATEPH) 란 별칭으로 불러 경배했는데 그는 자신이 홍수 이전에 두 기둥을 만들어 그것들에 새겨놓은 비전(秘傳) 내용을 능력 있는 자들이 이젠 때가 되었음에도 불구하고 익히지를 못하자 다시금 환생해 직접 가르치기로 결심했다는 것이다. 이렇게 해서 다시금 인간으로 환신(換身)한 그를 이집트에선 두 번째 토트, 또는 세곱으로 위대한 토트로, 그리스에선 젊은 헤르메스 또는 헤르메스 트리스메기스토스(TRISMEGISTOS)로 불렸다. 한편 이집트 신화에 의하면 그는 무엇보다도 기자 지역의 대피라미드를 건축, 내지 건설이 중단되었던 것을 완성시킨 건축가로서 등장한다. 나아가 전 우주를 건설한 신의 진의를 전달하는 자로서, 비전을 복구시키고 그것의 습득을 위해 비의 전통을 세운 대사제로서 스스로 자리매김했는데, 그런 와중에 그가 저술한 두루마리는 총 36,535 뭉치나 되었다고 전해진다. 여기에는 토트의 비의에 대한 내용에서부터 각종 마법과 점성술, 수비학과 연금술까지 은비학의 모든 것이 총망라되어 있었다고 한다...이들을 통상 라티움어로 [헤르메티카(HERMETICA)] 즉 [헤르메스문文]이라 지칭하는데, 일반적으로 이들은 크게 두 부류, 즉 사변적인 것과 실제적인 것으로 나뉜다. 이중 특히 철학적인 것들은 [코르프스 헤르메티쿰(CORPUS HERMETICUM)], 즉 [헤르메스 전서全書]라고 해서, 하나의 독립된 은비학의 정수를 이룬다. 기독교 시대 이후에도 주로 비잔티움 학자들에 의해 수집된 이 문헌들은 르네상스 시대 피렌체의 피치노라는 학자의 노력에 힘입어 본격적으로 세상에 알려지게 된다."

위와 같은 이야기가 [미스터 크롤리]의 저자가 "헤르메스 철학(Hermeticism)의 비전(秘傳)을 전수했다"는 것이 의미하는 바이다. 즉 성경으로부터 지혜를 구하는 것에 반발하여 이교주의 책에서 지혜를 구하겠다는 것이다.

고대 그리스인들은 태고(太古)에 대한 막연한 환상을 가지고 있었다. 그들은 태고 시대 사람들은 후대의 지성인들과는 비교할 수 없을 정도로 신과 밀접한 관계를 가진 존재들로 인식되었다. 그래서 그들은 이방인들의 지식과 문화를 예찬했는데, 가장 존경을 받은 자들은 이집트인들이었다. 비전(祕傳)을 전수받겠다며 이집트로 순례를 가는 사람들도 있었는데, 그들 중 한명이 '피타고라스의 정리'로 유명한 피타고라스이다.[120]

인용한 글에 나오는 바와 같이 헤르메스가 유명해 진 것은 르네상스 시대에 활동한 마르실리오 피치노(Marsilio Ficino, 1433-1499)라는 사람에 의해서였다. 헤르메스가 르네상스 시대에 인기를 끌었던 이유는 그 시대가 중세 기독교 세계관을 탈피하려는 움직임이 강했고, 그것에 대한 당연한 결과로(탈脫 기독교) '이교주의'라며 무시되던 이집트 같

---

[120] 피타고라스는 수학자로만 알려져 있는데, 그는 이탈리아 남부(크로토네와 메타폰티온)에 수(數)의 관계들을 명상하면 신과 연합될 수 있다는 주장을 하는 사이비 종교 공동체를 세워 교주 노릇을 했던 사람이다. 피타고라스 공동체의 구성원들은 두 종류로, 공동체 밖에 살면서 피타고라스의 가르침을 받으러 오는 아쿠스마틱스(akousmatics)와 재산을 헌납하고 공동체 안에 살면서 공동체의 엄격한 교리를 준수해야 하는 마테마티코이(mathematikoi)가 그것이다('수학'은 피타고라스에 의해 직접 선택받은 사람들만 배울 수 있었다).
　참고로 토트가 '세 배나 더 위대한 신 헤르메스 트리스메기스토스'라는 이름을 갖게 된 것은 피타고라스의 영향이다. 3은 만물의 척도이고, 신이 3이라는 수로 만물을 거느리고 있을 뿐 아니라, 모든 것도 3이란 수로 이루어진다는 피타고라스 학파의 주장에 맞추어 그 이름을 갖게 된 것이다.

마르실리오 피치노

은 이방사상을 수용하던 시기이기 때문이다.

이런 이유로 르네상스인들은 헤르메스를 태고의 지혜로 보았으며, 헤르메티카로부터 모든 지혜가 나온다고 생각했다. 피치노는 [헤르메스 전서]가 피타고라스와 플라톤의 사상의 원천이라고 생각했으며, 플라톤의 스승 피로라오스의 스승이 피타고라스이고, 피타고라스의 스승이 아그라페모스이고, 그의 스승이 오르페우스이고, 오르페우스의 스승이 헤르메스 트리스메기스토스라고 생각했다.

[태양의 도시]의 저자 토마소 캄파넬라도 헤르메스주의자였는데, 그가 말하는 땅과 천국을 조화롭게 연결시키는 이상국가는 다름 아닌 헤르메스주의자들이 다스리는 사회였다.

고대 이집트의 마법을 '헤카'(Heka)라고 부르는데, 가장 대표적인 마법이 탤리즈먼(Talisman) 마법이다. 탤리즈먼은 부적(符籍)을 의미한다. 고대 이집트에는 여러 가지 부적이 있었는데, 대표적인 것들이 참(charm), 애뮬릿(amulet), 탤리즈먼이다. 참은 귀신을 내쫓는 부적이었고, 애뮬릿은 악마의 침범을 막아 주고, 사고를 예방하며, 재물과 복을 불러들이는 역할을 하는 부적이었다.

탤리즈먼은 비교(秘敎) 지식에 능통한 사람만이 만들수 있었던 부적으로 이해되었는데, 이것은 우주를 채우고 있는 에너지의 실체를 파악하여 이를 고객의 선호에 따라 소형물체, 그림, 부호, 상징물 속에 집어 넣은 것을 의미했다. 호르스의 눈, 앙크 십자가 등이 모두 탤리즈먼이며, 피라미드도 탤리즈먼이고, 더 나아가 이집트 도시 전체가 탤리즈먼으로 만들어진 것으로 본다. 고대 이집트인들은 모든 물체를 탤리즈먼으로 생각하며 만들었다.

이들이 탤리즈먼에 집착했던 이유를 알기 위해서는 점성술을 염두에 두어야 한다. 헤르메스 마법의 핵심은 점성술이다. 고대 이집트인들은 모든 물체를 부적으로 제작하여, 천체(天體)의 유익한 영향만이 도시에 들어오도록 물체들을 배열하는 주술을 행한 것이다. 천체의 유익한 영향이 도시 사람들을 윤리적이고, 건강하고, 현명해지게 만든다고 생각했다.

프리메이슨이 계획한 도시인 워싱턴 DC에 오벨리스크가 있고, 도로들이 기하학적인 모양으로 만들어진 것에 대해 특별한 의미를 부여하는 사람들은 이 탤리즈먼 마법을 염두에 두고 있는 것이다. 고대 이집트를 자신의 기원이라고 주장하는 프리메이슨이 워싱턴이라는 도시 자체를 부적으로 만들었다는 것이다.

르네상스인들이 최고의 찬사를 바쳤던 [헤르메스 전서]는 연구 결과 사람들이 생각하는 것만큼 대단한 책이 아님이 밝혀졌다. 르네상스 연구의 권위자 중 한명인 프란시스 예이츠(Frances A. Yates)의 말대로 " [헤르메스 전서]는 익명의 서로 다른 저자들에 의해 매우 다양한 시기에 쓰여 졌기 때문에 하나의 문서 속에서도 종종 반대되는 내용을 볼 수 있다. 그 이야기들은 매우 다양하며 종종 모순되기까지 한다. 전체적으로 앞뒤가 맞는 것도 아니며 일관된 구조는 찾아보기 힘들다. 그것은 신이나 구원자의 개입 없이 우주적 접근을 하려 하는, 계시의 신성한 직관과 개인적 구원, 영지를 찾는 개인 혼들의 기록이다."

한마디로 헤르메스주의는 그리스의 '사색적 신비주의'로 현대의 '뉴 에이지'와 동일한 수준의 것이다. 이 둘은 모두 이교주의의 동일 버전인 것이다.

헤르메스주의를 르네상스 시대에 부활시킨 피치노는 '피렌체 아카데미'의 중심적인 사상가였다. 그는 신플라톤주의 추종자였고, 피렌체 아카데미는 '플라톤-프로클레스적 철학'을 추종하는 자들의 모임이었다.

신플라톤주의는 프로클레스(Proklcs)에 의해 정점에 달한 철학인데, 이것은 보티첼리, 레오나르도 다빈치, 라파엘로, 미켈란젤로에 깊은 영향을 주었다. 프로클레스는 인간 영혼은 육체나 물질세계에 대한 관심에서 떠나 명상을 거쳐 신적 일자(神的 一者)와 합일 될 수 있으며 되어야 한다는 신비주의 사상을 주장했다. 그는 이론을 제시하는데서 그치지 않고 신과의 합일을 위해 이교적인 주술의 실행도 권했다. 한마디로 프로클로스는 기독교를 제외한 철학과 종교사상을 망라하여 용해시켜 기독교에 대항하고자 한 사람이었다.

피치노는 이러한 프로클레스의 이론과 헤르메스주의를 결합시킨 인물이다. 피치노는 참다운 삶이란 명상하는 삶이라고 했다. 왜냐하면 명상은 영혼이 물질의 속박에서 벗어나 본질로 들어가게 만들어 주기 때문이라는 것이다. 이 주장은 영지주의의 견해와 일치하는데, 영지주의는 바로 이 신플라톤주의의 영향을 받은 종교였다. 피치노는 진리는 성경에서만이 아니라 이집트와 그리스에서도 찾을 수 있다고 말했다.

역사연구가 마거릿 버트하임(Margaret Wertheim)에 의하면 "피치노와 그의 계승자들은 그리스의 거인들인 피타고라스나 플라톤 사상의 궁극적 원천이 [헤르메스 대전]이라고 생각했다. 그들은 '프리스카 필로소피카(*prisca philosopical*), 즉 자연과 그 숨은 힘들에 대한 진정한 이해의 기초가 바로 거기에 있다고 생각했다."

헤르메스주의의 우주론은 점성술에 대한 신뢰에서 나온 것이다. 우주의 모든 것은 살아 있으며, 그 우주의 힘은 인간에게 큰 영향력을 행사한다는 것이 르네상스의 점성술적 우주관이다.

 이 우주관의 전제(前提)는 이렇다. 낮과 밤의 모든 순간마다 달래야 하는 신들이 있다는 생각을 했고, 그런 의미로 시간을 분할했다. 황도대(黃道帶)의 원은 크게 36데칸(decan, 별자리)으로 분할되어 있으며, 각 데칸은 10° 씩의 영역을 가지며, 그 영역을 지배하는 악마가 있다고 생각했다. 별들의 영향 아래 있는 그 악마들이 근육, 골수, 혈관, 뇌, 내장 등에 존재하면서 인간을 지배한다고 믿었다.

 헤르메스주의에서의 마법은 바로 인간이 신과 합일하기 위해 하늘로 올라갈 때 악한 별들의 힘을 물리칠 수 있는 주문으로 구상된 것이다. 이것만으로도 헤르메스주의를 '사이비 신비주의'로 단정하는 데에 전혀 무리가 없다. 이것이 신의 뜻을 헤아려 우주의 가장 심원한 비밀조차 알아낼 수 있는 지혜라고 주장하는 헤르메스주의의 정체이다.

 조르다노 브루노(Giordano Bruno, 1548-1600)라는 인물이 있다. 이 사람은 흔히 코페르니쿠스의 태양중심설을 지지하다가 로마 가톨릭에 의해 화형을 당한 휴머니즘의 대표적

조르다노 브루노

인물로 추앙받고 있다(정신과 학문의 자유를 위해 순교당한?).121) 그러나 사실 브루노는 과학적인 입장에서 태양중심설을 지지한 것이 아니다. 그는 태양중심설을 자기 자신이 시작하게 될 이집트 종교의 부활이 멀지 않았다는 의미로 받아들여 교황에게 이런 말을 했다가 죽임을 당한 것이다. 그는 헤르메스주의 마술사였다.

---

121) [예수는 신화다]의 저자로 잘 알려진 티모시 프레케와 피터 갠디의 책 [헤르메티카]첫 페이지에 헌사가 나오는데, 저자들은 이 책을 조르다노 브루노에게 바치고 있다.

제 5 장 붓다와 티베트 불교

- 티베트 불교와 산지학회
- 심리적 쾌락의 창시자 붓다
- <쿤둔>과 툴쿠 사상

■ 티베트 불교와 신지학회

노벨평화상을 수상한 14대 달라이 라마 텐진 갸초(Tenzin Gyatso) 덕분에 불교는 서양에서 큰 인기를 끌고 있다. 자비의 종교로 알려진 불교는 세계대전의 피비린내 후 '평화'를 갈망하는 사람들을 매혹시켰고, 불교의 절대성에 회의적인 달라이 라마의 말들은 싸움의 주된 이유를 '배타주의'로 보는 사람들의 찬사를 얻어냈다.

불교에 대한 관심과 찬사는 90년대에 시작된 현상이 아니다. 18세기 말과 19세기 초 유럽에서는 지혜와 영성으로 가득 찬 동양종교(이상화理想化된 불교)가 영적인 기근 상태인 서양을 구원할 수 있다는 막연한 기대감에 사로 잡혀 있었다(특히 독일 낭만주의자들이 그랬다).

서양 사람들에게 특히 인기가 있었던 것은 '신비의 나라'로 알려진 '티베트'였다. 티베트가 신비의 나라로 인식되게

달라이 라마

된 원인은 티베트의 수도인 '라싸'가 외국인의 출입을 금지했다는 것(높은 히말라야의 산들이 둘러싸고 있는 티베트는 접근하기 쉬운 곳이 아니었다)과 블라바츠키의 신지학회가 티베트를 이상화 시켜 과장된 관점으로 바라보게 만들었음에 기인한다.

헬레나 블라바츠키는 신지학회의 모든 책들은 태고의 본질적인 진리를 알고 있는 스승으로부터 텔레파시로 알게 된 것을 받아 적은 것이라고 했는데, 그 스승이 바로 티베트에 살고 있다고 주장했다. 블라바츠키는 동시대 사람들과 마찬가지로 '신비와 비밀의 나라 티베트'에 대한 환상에 사로잡혀 있었던 것이다.

티베트의 신화화(神話化)에 큰 영향을 끼친 책이 롭상 람파(Lobsang Rampa)라는 사람이 쓴 베스트셀러 [*The Third Eye*](1956)이다. 이 책은 정신세계사가 [나는 티벳의 라마승이었다]라는 제목을 붙여 세권으로 국내에 번역 출간되었다. 티베트에 가본 적도 없는 저자는 보기 드문 마술을 행할 수 있는 티베트 라마승에 대해 쓰고 있는데, 이 책을 통해 서양인들은 티베트를 신비화시켜 이해하게 되었다.

블라바츠키는 불교에 크게 심취했었건 사람이다. 블라바츠키의 동업자인 헨리 스틸 올코트(Henry Steel Olcot)는 블라바츠키보다 그 정도가 더 심했는데, 그는 실론 섬으로 가서 붓다의 출생일을 섬 전체의 휴일로 제정하기도 했다.

그렇다면 신지학회에서는 붓다를 어떤 존재로 생각할까? 신지학회에서는 윤회라는 것은 일곱 가지 인류 진화의 순서에 따라 여러 행성에서 일어나는데, 약 100만 년 전부터 인간은 제 4세계의 5번째 단계에 살고 있는 것이고, 붓다는 바로 이 5번째 단계의 인물 중에서 가장 깨달음이 큰 자라고 주장한다. 신지학회는 붓다가 현재의 인류에게 신지(神智)를 알려주기 위해 왔다고 본다.

■ 심리적(心理的) 쾌락의 창시자 붓다

베르나르도 베르톨루치가 감독한 <리틀 붓다>는 붓다의 신지(깨달음)를 다루는 영화이다. 불고는 붓다가 '최고의 깨달음'(아뇩다라삼먁삼보리, 阿縟多羅三三菩提)을 얻은 자라며 믿고 받드는 종교이다. 그렇다면 그 '깨달음'의 정체는 무엇일까?

'아뇩다라삼먁삼보리'는 산스크리트어로 '아누타라 사미아크 삼보디'이다. '아누타라'는 최고 경지의 깨달음을 뜻하고, '사미아크'는 전지(全知)한 깨달음, '삼보디'는 바르게 아는 것을 의미한다.

즉 붓다는 '제대로 아는 사람'이라는 뜻이다(붓다Buddha의 어원인 'buddhi'가 바로 '앎'이라는 뜻이다). 인간과 세상과 우주에 대해 붓다가 제대로 알고 있다는 것이다.

붓다는 인간이 고통에서 벗어나는 방법으로 '사성제'를 제시했다. 네 가지 성스러운 진리(四聖)란 고(苦, 괴로움)와 그것의 원인인 집(集, 집착), 고에서 벗어나는 해탈인 멸(滅, 해탈의 결과), 멸의 방법인 도(道, 해탈의 원인)를 말한다.

도에 이르는 방법으로 불교에서 제시하는 것이 팔정도(八正道)이다. 바른 견해, 바른 생각, 바른 말, 바른 행위, 바른 생활, 바른 노력, 바른 신념, 바른 명상이 인간을 '제대로 아는 사람'(붓다)으로 만들어 준다는 것이다. 인간이 인간 스스로를 완전한 존재로 만들 수 있다는 주장이다.

불교의 인기는 이런 가르침으로 인한 것이다. 기독교처럼 신(神)을 내세우지 않고도 인간이 스스로 알아서 탁월한 삶을 살 수 있다는 것이다. 사람들은 인간이 인간 자신을 위대하게 만들 수 있다는 불교의 가르침에 매료되었다. 프랑스 국립과학연구소(CNRS)의 사회학 명예 연구실장인 에드가 모랭(Edgar Morin)은 "신은 부재(不在)하며 계시가 없는 종교의 출현이 인류의 희망"이라고 주장했다.

하지만 이런 생각들은 설득력 없는 주장들이다. 하와의 죄는 하나님 없이 인간이 지혜로워질 수 있다는 생각 바로 그것이었다. 하나님을 모르는 자는 절대 '제대로 아는 사람'이 될 수 없다. 그는 하와와 같은 존재일 뿐이다.

조직신학자 헤르만 바빙크(Herman Bavinck)는 말한다. "석가가 깨달음을 얻었음에 틀림없다고 할지라도 모든 개혁된 종교들도 다른 대중의 미신(迷信)과 본질에서 차이가 없고, 다만 정도의 차이가 있을 뿐이다."

이 말은 아주 중요하다. 괜찮은 가르침들이 있다고 해서 그 종교를 기독교와 같은 수준으로 보아서는 안 된다. "광명의 천사"로 변장하는 사단이 선과 악을 교묘하게 결합하여 사람들을 속이기 때문이다. 사단이 악한 것만 제시하면서 인간에게 다가올 것 같은가? 악은 악에 빠지게 하기 위해 선의 옷을 입고 나타난다. 그래서 성경은 선행(善行)을 통해서도 구원 받을 수 없다고 말한 것이다. 이 사실에 무지하면 다른 종교에도 참된 구원이 있다는 '종교다원주의'에 놀아나게 되는 것이다.

아세아연합신학대학원 조직신학 교수인 박해경 목사는 "참 하나님을 만나고 섬기게 하는 것이 복음이고, 우상숭배와 미신에 빠지는 것이 종교이다. 종교들의 배후에는 사단이 있다. 이 점을 파악하지 못하면 종교다원주의로 빠져서 모든 종교는 다 같은 줄 착각하게 된다"고 말한다.

2000년 5월 15일에 한신대학교 신학대학원에서는 「불교와 기독교와의 만남」이라는 주제로 강연회가 있었다. 강사는 [만행, 하버드에서 화계사까지]라는 책으로 유명한 미국인 승려 현각이었다. 기독교 신학생들이 불교 승려를 초청했고, 승려의 가르침을 듣기 위해 모인 것이다.

현각의 강연 내용은 "내 종교가 가장 우월하다는 배타주의·우월주의 보다는 넓은 관용의 마음이 종교인들에게 필요하다"는 전혀 새로울 것 없는 그 사람의 단골 레퍼토리였다. 그는 "사람은 누구나 종교 없이 진리를 발견할 수 있는 능력이 있다"며 자신만만해 했다.

예를 들어 보자. 어느 기독학생 모임 간사라는 사람이 종교다원주의를 지지하는 글을 썼다. 나는 그에게 "이웃 종교에 포함되는 종교들은 어떤 것인가요? 그리고 만약 거기에 포함되지 않는 종교가 있다면 어떤 것이고 그 이유는 뭔가요?"라고 물었다.

그는 "탁월함과 위대성이 알려져 있는 종교들", "인간을 구원하고 생명을 살리고 정의와 평화를 일궈 내는 그러한 종교", "생명을 살리는 이웃 종교들"이 바로 "이웃종교"에 포함된다고 했다.

나는 "그런 기준은 너무 막연하기 때문에 그런 추상적인 기준으로는 이웃종교에 포함하고 포함되지 않고를 분명하게 가르는 것이 불가능"하며, "각 종교들이 바로 자기가 그런 기준에 합당하다고 말할 때에는 무얼 기준으로 갈라야 하느냐"고 질문했다. 그는 예상대로 이에 대해 명확한 답변을 하지 못했고 하나마나한 이야기만을 반복했다.

　이처럼 모든 종교를 동등한 수준에서 보는 사고는 난센스에 빠진다. 왜냐하면 예를 들어 불교는 "이웃 종교"에 포함시키고, "통일교"는 "이웃 종교"에 포함시키지 않겠다고 말할 수가 없기 때문이다. 불교가 통일교 보다는 괜찮은 종교이지 않느냐고 말할 사람도 있겠지만 둘 다 "믿지 아니하는 자들의 마음을 혼미(昏迷)케 하여 그리스도의 영광의 복음의 광채가 비춰지 못하게 함"(고후 4:4)은 마찬가지이다. 모두 인간의 진정한 필요에 무능하고 주장하는 근거가 거짓말에 불과함은 마찬가지이다. 기독교만 진리라는 사실을 믿지 않으면 이런 난센스에 빠지게 된다. 진리는 오직 하나이다.

　붓다는 이 세상에 존재했었던 여러 사람 가운데 한 명에 불과하다. 그는 인간과 세상과 우주에 대해 자기 나름대로 추리하고 이해하고 인정한 한 사람의 인간일 뿐이다. 윤회, 전생, 해탈, 환생은 인도인들의 터무니없는 상상력의 소산이다. 그것은 붓다가 믿고 싶었던 '심리적 사실'(心理的 事實)

이지 '신학적 사실'이 아니다. 하나님이 창조하신 세계에 그런 사실은 존재하지 않는다. 붓다는 지적 유희의 정신적, 심리적 쾌락을 만들어낸 사람이다.

■ <쿤둔>과 툴쿠 사상

마틴 스콜세지가 감독한 <쿤둔>은 14대 달라이 라마인 텐진 갸초를 다루고 있다. 달라이 라마 제도는 티베트 불교의 가장 큰 특징인 '툴쿠'(Tulku) 사상과 관련되어 있다. 툴쿠란 티베트어로 '붓다의 화신'을 뜻한다.

툴쿠란 업의 지배로부터 벗어나 '열반'에 들어갈 수 있음에도 불구하고 스스로 다시 태어나기를 선택하여 타인의 해탈을 돕는 붓다의 화신이다. 이들을 달라이 라마라고 한다('쿤둔'은 '지혜를 가진 스승'이라는 뜻의 달라이 라마에 대한 별칭으로 '누구에게나 존경받는 자'라는 뜻이다).

<쿤둔>은 13대 달라이 라마가 죽은 후 그의 환생을 찾으

러 나선 승려가 중국 국경 근방의 한 농가에서 그 집의 두 살짜리 아들이 환생임을 확신하고 그 아이를 수도 라자로 데려다 티베트의 정치적, 종교적 지도자가 될 훈련을 시키는 것으로 시작된다. 일반적으로 덕이 높은 라마가 죽으면 죽은 뒤 49일 후에 아기의 육체에 전생(轉生)한다고 믿는다.

달라이 라마는 '관세음보살'의 화신으로 여겨진다. 티베트 사람들은 '옴 마니 반메 훔'(Om Mani Padme Hum)이라는 관세음보살을 부르는 주문을 외운다. 티베트 불교에서는 큰 깨달음을 얻은 사람이 한 말을 상징적인 의미로 만들어 외우면 효력이 있다는 생각을 한다. 이 주문은 "온 우주에 충만하여 있는 지혜와 자비가 지상의 모든 존재들에게 그대로 실현 될지라"라는 뜻이다. 이 주문을 외우면 사람의 내면적 에너지를 활성화 시켜서 우주의 에너지와 통합할 수 있게 된다고 주장한다. 결국 이 주문의 결론은 온 세상의 신비를 푸는 열쇠가 인간의 손 안에 있다는 것이다.

위에 쓴 바와 같이 달라이 라마는 '지혜를 가진 스승', '지혜의 큰 바다'라는 의미이다. 하지만 달라이 라마의 역사를 살펴보면 티베트인들이 신처럼 떠받드는 이 달라이 라마들이 굉장한 존재가 아니었음을 알 수 있다.

달라이 라마 중에서 가장 존경을 받는 5대 달라이 라마 로상 갸초(Lozang Gyatso)를 부를 때에는 꼭 앞에 '위대한'(The Great Fifth)이라는 말을 붙인다. 그런데 그 사람의 환생인 6대 달라이 라마가 여자에 술에 빠져 살다 쫓겨나자 다른 달라이 라마를 선출하게 되었고, 그리하여 6대에는 달라이 라마가 두 명이 되었다.

현재의 달라이 라마는 사람들이 좋아할 만한 발언만을 골라서 하는 재능이 있다. 그의 인기 비결은 바로 이것이다. 그는 모든 것에 너그럽다. '관용' 그 자체이다. 그는 비폭력과 자비를 강조하며, 절대적인 진리가 없다고 주장한다. 그는 "우리가 어떤 종교를 믿느냐 마느냐 하는 것은 개인적인 선택의 문제이다"라고 말한다.

그는 자유롭고 도량이 넓은 정신적 스승으로 인정되는 것이다. 그는 현대인이 좋아할 말을 하는 종교 지도자인 것이다. 그와 동시에 '절대적 진리'를 외치는 기독교는 조롱당한다. 그의 말을 들어보자.

"절대적 진리는 없다. 물론 불경에 보면 절대적이고 영원한 진리, 이 따위 말들로 가득 차 있다. 그런데 이런 말들을 사람들이 매우 잘못 이해하고 있다. 붓다의 깨달음이 연기(緣起)인 한에 있어서 절대적인 진리라는 것은 있을 수가 없다. 우리가 '절대적 진리'라고 말할 때 이미 우리는 그 말이 지닌 역사적 인식의 포로가 되어 버린다. 마치 절대적 진리가 없으면 살 수 없는 것처럼, 그리고 이 우주에는 절대적인 그 무엇이 꼭 있어야만 하는 것처럼 생각하는 어떤 공포감이나 중압감의 포로가 되어 버린다. 이것이 기독교의 유일신론적 사유가 지어낸 서구적 발상의 일대오류이다...우리의 삶 자체가 하나의 찰나일 뿐인데, 이 잠깐 동안의 삶에 있어서도 뭐 그다지도 애타게 절대에 집착을 해야 한단 말인가? [대반열반경]에 나오는 붓다의 마지막 말이 무엇인가? "변하지 않는 것은 아무 것도 없다", 이 한마디가 그의 전 생애를 마감하는 최후의 일성이었다."

달라이 라마의 인기는 주로 이런 발언들로부터 기인한 것이다. 그는 사실 불교마저도 부인한다. 현대인들은 '자기만 옳다'고 주장하는 사람들을 제일 싫어한다. 진리에 대해 강하게 발언을 하는 사람은 계몽이 덜 된 '속 좁은 사람'으로 취급받는다. 현대 사회의 금기는 바로 '절대적'이라는 말을 사용하는 것이다.

존 맥아더 목사의 말처럼 어떤 것을 '참'이라 선언한 다음 그 반대를 '오류'라고 칭하면 그것은 곧 이 사회의 유일한 도그마에 도전하는 것이 된다. 어떤 원리나 교리에 대해 애매한 말을 하지 않고 분명히 말하면 너무 속 좁은 사람이라는 낙인이 찍히고 만다.

이런 사회 분위기 속에서 달라이 라마가 사람들의 마음을 끌어당기는 것은 너무도 당연한 것이다. 분명한 선을 긋거나 절대적인 것을 선언하지 않는 달라이 라마는 참된 종교 지도자이고, 절대적 진리를 전하는 그리스도인은 계몽이 덜 된 시대착오적인 존재로 취급 받게 되는 것이다.

사람들은 그저 인간적인 매력에 불과한 것과 참된 종교 지도자의 자격을 혼동하고 있다. 달라이 라마는 참된 진리를 모르는 자이다. 그가 이것저것 다 괜찮다고 말하는 것은 진리가 무엇인지를 모르기 때문이고, 그런 사람에겐 아무 것이나 다 괜찮다. 그는 '지혜를 가진 스승'이 아니다. 그는 붓다와 같이 인간과 세상과 우주에 대해 자기 나름대로 추리하고 이해하고 인정한 한 명의 사람일 뿐이다.

달라이 라마나 틱낫한(이 승려는 이화여대 채플에서 2003년 4월에 설교를 했었다)의 책들을 보면 모두 뻔하고 지루한 교훈들만 들어있다. 그들의 글은 현재의 삶을 충실히 살아가고, 마음의 평화를 위해 욕심을 버리고, 마음가짐을 바로 하고, 순간순간 최선을 다하라는 등의 현대 처세술 책들과 내용에서 일치한다.

차이가 있다면 도사 옷을 입은 두 승려가 그 말을 하고 있으니, 그 책을 읽는 사람들이 일반 처세술 책을 읽는 사람보다 더 '세련되게' 그 주장을 소비하는 것처럼 보인다는 것이다. 유명 종교 지도자가 그런 주장을 하니 그것을 진리라고 느끼는 것이고, 그것을 마음에 품고 살아가는 자신을 보며 뿌듯해 하는 것이다.

달라이 라마의 가르침은 결코 깊지 않다. 그의 가르침들은 대충 살면서도 탈속과 삶의 의미를 추구하는 현대인의 허영심을 채워주기에 적당한 말의 나열에 불과하다.

어떤 불교도는 달라이 라마와 틱낫한이 불교의 심오한 지혜와 형이상학적 진리에 대해서는 다루지 않고 듣기 좋은 말들만 한다며 비판을 했는데, 불교엔 심오한 지혜도, 형이상학적 진리도 없다. 불교의 현란한 전문용어들에 둘러싸여 카타르시스를 느끼는 사람만이 존재할 뿐, 불교에는 심오한 지혜와 진리가 없다. 불교는 이 세상에 속한 사람이, 원죄를 가진 인간의 냄새를 풍기며, 인간적인 사고방식의 틀에서 한 발자국도 벗어나지 못한 채 만든 인본주의 이론일 뿐이다.

불교가 인간론에 있어 '영지주의'와 같은 세계관을 소유하고 있다는 것은 불교의 수준을 보여준다. 두 종교는 모두 영적인 지식에 동화됨으로써 얻는 구원을 주장하며, 불교학자 에드워드 콘제(Edward Conze)가 말했듯이 깨달음을 얻은 아리아(aryas, 어리석은 중생과 구분되는 성자)는 '신적인 존재'이다. 결국 불교는 뱀이 하와에게 제시했던 모든 신비주의의 핵심인 "너희가 신처럼 되리라"라는 주장의 추종에 불과하다.

1999년에 달라이 라마의 정체를 폭로하는 책이 발행되어 화제가 되었던 적이 있다. 달라이 라마의 충실한 추종자였던

빅터/빅토리아 트리몬디(Victor and Victoria Trimondi) 부부가 쓴 [The Shadow of Dalai Lama : Sexuality, Magic and Politics in Tibetian Buddhism]이 그 책이다. 이 책은 달라이 라마가 자신이 선택한 사람들을 모아 놓고 섹스 의식(탄트리즘)을 벌이는 것을 목격한 후 쓴 책이다.

티베트 불교는 탄트라의 신들에게는 여성 배우자가 있어서 그를 보좌하며, 그 신들은 이들 배우자와 교합 했을 때 가장 큰 '주술적'인 힘을 가질 수 있다고 믿는다. 달라이 라마는 남녀 간의 성교가 깨달음을 위한 것이라면 부도덕하지 않다고 생각하는 사람이다.

인간이 '지혜를 가진 스승'이 되기 위해서는 진리이신 하나님과 밀착되어 있어야 한다. 지식과 지혜는 영적인 문제이다. 지적인 회개가 없으면 불교처럼 인간을 판단의 유일한 기준으로 세우며 그 안에서 자족(自足)하게 된다.

제 6 장 너희는 예수를 누구라 하느냐

- 예수는 신화다?
- 예수의 동방 여행설
- 힌두교 우주론

■ 예수는 신화다?

 예수 그리스도를 다룬 책들은 아주 많다. 사람들은 예나 지금이나 자기 취향에 맞는 예수를 많이 만들어낸다. 힌두교 시바파(Shaivism) 사람들은 예수가 13세부터 30세까지 하타 요가를 배우면서 인도 북서부의 카슈미르에 살았었고, 물 위를 걸은 기적은 요가수련을 통한 초능력이었다고 주장한다. 예수는 십자가에서 죽었던 것이 아니라 요가의 호흡조절법을 사용해 일시적으로 죽은 것처럼 행세한 것이라는 주장도 한다.

 예수 세미나의 버튼 맥(Burten L. Mack)[122]과 존 도미닉 크로산(John Dominic Crossan)[123]은 예수를 '견유학파'(犬儒

---

[122] 버튼 맥, [잃어버린 복음서 : Q 복음과 기독교의 기원], 김덕순 역, (한국기독교연구소, 1999).
[123] 존 도미닉 크로산, [역사적 예수], 김준우 역, (한국기독교연구소, 2000).

學派, Cynic)로 본다. "'견유(犬儒)'란 문자 그대로 '개처럼 사는 지식인'이라는 뜻이다. 영어로 '시닉(cynic)'이라고 부르는 것도 개를 뜻하는 희랍어 '퀴온'에서 유래된 것이다. 그들은 모든 전통과 문명을 거부했다. 기존의 종교와 도덕, 의복, 주거, 음식, 일상예절을 거부했던 것이다. 그들의 삶의 수단은 '걸식(begging)'이었고 끊임없는 무소유의 방랑이었다."124)

예수를 견유학파로 보는 전제는 예수는 그리스도가 아니라, 사회적 혁명가라는 것이다. 즉 하나님이 아니라 인간에 불과하다는 것이다. 예수가 메시아임을 부인하는 예수 세미나는 이처럼 예수님의 지위를 낮추려고 애쓴다.

김용옥도 이들과 마찬가지 주장을 한다.

예수는 견유학파적 리얼리즘을 철저히 실천한 사람이었다. 예수는 그의 운동에 가담하는 제자들에게 돈을 담은 전대는 물론 지팡이나 가죽샌들도, 그리고 속옷조차도 지니지 못하게 했다(마 10:9~10, 눅 9:3, 10:4). 지나치는 사람들과 문안인사조차 하지 말라고 당부했다. 견유학파의 덕목은 최소한의 질박한 삶(simplicity)이었고, 모든 세속적 가치에 대한 절제(self-control)였다. 역사적 예수를 가장 잘 조명한 신학자 크로싼(John Dominic Crossan)은 예수를 다음과 같이 명료하게 규정한다: "역사적 예수는 갈릴리의 견유(cynic)였다."125)

---

124) 김용옥,「도올의 도마복음 이야기 : 지브란과 견유 예수」, 주간 중앙SUNDAY 2008년 3월 2일자(제51호).
125) 김용옥, 같은 글.

김용옥은 "돈을 담은 전대는 물론 지팡이나 가죽샌들도, 그리고 속옷조차도 지니지 못하게 했다":와 "지나치는 사람들과 문안인사조차 하지 말라고 당부했다"는 것이 예수님이 견유학파라는 증거라고 말하고 있는데, 이는 신학과 역사학에 대한 무지에 의한 것이다.

왜냐하면 견유학파는 구걸하는 자루를 가졌고, 거리에서 대담한 말들(*parresia*)을 했기 때문이다. 이것은 "주머니를 가지지 말며...길에서 아무에게도 인사하지 말라"는 예수님의 가르침과 다르다.126)

예수를 다룬 책들 중에서 가장 큰 이슈가 되었던 책이 국내에도 커다란 화제를 몰고 왔던 [예수는 神話다 : 기독교 탄생의 역사를 새로 쓰는 충격보고](*The Jesus Mysteries*)127)이다. 이 책은 온라인상에서 기독교에 대해 증오심을 품고 있는 '안티'들에게 기독교에 대한 공격 이론을 제공한 바이블로 숭배되고 있기도 하다.

자신을 "우주보"(宇宙寶)라 칭하는 도올 김용옥은 이 책에 대해 다음과 같은 찬사를 바치고 있다.

---

126) 자세한 것은 Paul Rhodes Eddy, "*Jesus as Diogenes? Reflections on the Cynic Jesus Thesis.*" in : *JBL* 115/3 (1996)을 참조하라.
127) 티모시 프리크, 피터 갠디, [예수는 神話다], 승영조 역, (동아일보사, 2002).

"저는 최근에 [예수의 신비](*The Jesus Mysteries*)라는 책에 깊은 충격을 받았습니다. 이 책은 인류문명의 다양한 신비주의를 폭넓게 연구한 두 영국학자, 프레케(Timothy Freke)와 간디(Peter Gandy)의 역저인데, 예수라는 사건을 역사적으로 실존했던 사건이 아니고 신화적으로 구성된 픽션에 불과한 것이라는 어머어마한 가설을 설득력 있고 치밀하게 분석했습니다. 이것은 20세기 문헌학의 획기적인 대발견이라고 불리우는 나하그 함마하디 영지주의 문서(the Nag Hammadi Gnostic Library)의 연구성과와 그동안 우리에게 무시되어 왔던 지중해 주변의 토착문명의 신화적 세계관의 복잡한 연계구조에 관한 새로운 인식의 성과를 반영한, 단순한 가설 이상의 치밀한 문헌적 근거가 있는 논증이었습니다."[128]

김씨의 글을 보면 [예수는 신화다]의 저자들이 굉장히 실력 있는 "학자"일 것이라는 생각이 들 수 있다. 이 책의 논증이 "설득력 있"다고 말하고 있기 때문이다. 그런데 이 책을 꼼꼼하게 읽어보면 저자들은 대단한 "학자"이기는커녕, 자신들이 원하는 예수를 말하기 위해 사실을 왜곡하는, 학문적인 중립이라고는 찾아볼 수 없는 주장을 하고 있다. 이 분야에 무지한 사람들에게만 대단한 책으로 보인다는 말이다.

[예수는 신화다]는 '영지주의'를 옹호하기 위해 쓴 책에 불과하다. 정통 기독교를 비판하고 영지주의라는 '이교주의'를

---

[128] 김용옥, [달라이 라마와 도올의 만남 : 인도로 가는 길]3(통나무, 2002), p.516.

되살리기 위한 것이다. 역자 서문을 보자.

"저자의 주장에 따르면, 오늘날 이단으로 치부되는 그노시스파, 곧 영지주의자들의 그리스도교가 원래의 그리스도교이다!"[129]
"저자는 이렇게 시사한다. 고대 그리스-로마의 이교 신앙은 오늘날의 그리스도교(문자주의)보다 영적, 도덕적으로 훨씬 더 뛰어난 신앙이었다!"[130]
"이교 신앙의 수준은 매우 높았다."[131]

저자는 영지주의가 '혼합주의'임을 자랑스럽게 밝히고 있다. 이 책이 이교주의 예찬이라는 사실을 알 수 있다.

"영지주의자들은 이교 신앙을 적대시 하지 않았고, 이교 신앙에 빚을 지고 있다는 사실을 공공연히 인정했으며, 고대 철학 연구를 장려했다. 실제로, 나그 함마디의 동굴에서는 그리스도교에 관한 영지주의 문서뿐만 아니라 이교도의 문서도 함께 발견되었다."[132]

영지주의가 이교도의 교리를 동원해서 예수의 원래 가르침을 혼란시킨 것임을 스스로 밝힌 것이다. 영지주의의 기원은 기독교가 아니라 이교주의이다.

---

[129] 티모시 프리크, 피터 갠디, 같은 책, p.13.
[130] 티모시 프리크, 피터 갠디, 같은 책, pp.11-12.
[131] 티모시 프리크, 피터 갠디, 같은 책, p.15.
[132] 티모시 프리크, 피터 갠디, 같은 책, p.168.

또한 이 책은 영지주의의 현대판인 뉴 에이지 운동의 구호를 외치고 있다.

"영지주의자들은 오직 하나님만 존재한다고 가르쳤다. 나의 참된 정체성은 '육체적인 나'가 아닌 '불멸의 영혼'이라는 것을 깨달은 영지주의 입문자들은, 나는 곧 하나님이라는 것을 알게 되며, 하나님 이외에는 아무것도 존재하지 않음을 깨닫는다."133)
"그리스도는 우리의 바깥에 있지 않다. 우리 모두가 곧 그리스도(구원자)이며, 우리 모두가 곧 부처이다."134)
"참된 그리스도교인이라면 그노시스, 곧 신비한 '앎'을 스스로 체험해서 스스로 1명의 그리스도가 되어야 한다고 영지주의자들은 가르쳤다!"135)

[예수는 신화다]는 신약의 네 복음서가 목격자들의 이야기라는 전통적인 주장과는 전혀 달리, 복음서는 사실상 고대 이교도의 신화―죽었다가 부활한 신인(神人) 오시리스-디오니소스 신화―를 유대인 식으로 각색한 것이라고 주장한다. 오래전부터 존재해 왔던 '오시리스-디오니소스 미스테리아'를 유대인들이 받아들여 '예수 미스테리아'로 만들었다는 것이다.136)

---

133) 티모시 프리크, 피터 갠디, 같은 책, p.15.
134) 티모시 프리크, 피터 갠디, 같은 책, p.17.
135) 티모시 프리크, 피터 갠디, 같은 책, p.165.

저자들은 "죽었다가 부활한 신인" 개념의 '외형적' 유사함을 근거로 기독교와 이교도 미스테리아를 동일한 것으로 보는데, 이것은 속임수이다. 신약학자 브루스 메쯔거(Bruce M. Metzger)의 지적처럼, 이 둘 사이의 형식적인 유사성이 그 내용에 있어서의 큰 차이점을 흐리게 해서는 안 된다. 죽은 신에 대해 말하는 모든 신비 종파들에게 신은 '강제로 죽임을 당한 것이지 죽음을 자처한 것이 아니며 때로는 비통과 절망 속에서 죽었으며 결코 자기 자신을 내어주는 사랑에 의해 죽은 것이 아니라'는 것이다.137) 또한 봄이 다가오는 것(자연의 소생)을 상징하는 어떤 신의 재생과 역사적 인간의 '삼일 만에' 부활한 것 사이에는 엄청난 차이가 있다. 오시리스, 디오니소스는 해마다 죽었다가 다시 살아나는 곡물(穀物)의 의인화(擬人化)에 불과하다.138)

이들은 예수는 이 세상에 존재했었던 역사적 인물이 아니라고 주장하는 것인데, 이것은 새로운 주장이 아니다. 사탄주의자 알레이스터 크롤리는 자신의 책 [영상과 음성](*The Vision and the Voice*)에서 예수 그리스도란 인물은 인간의 역사에 존재한 적이 없으며 단지 로마 제국이 정치경제적

---

136) 티모시 프리크, 피터 갠디, 같은 책, 앞날개.
137) J. D. N. 앤더슨, [비교종교론], 박영관 역, (기독교문서선교회, 1978), p.53.
138) J. D. N. 앤더슨, 같은 책, p.55.

목적으로 여러 종교의 신들과 구세주 원형(原型, *archetype*)들을 편집 및 모방하여 만들어낸 신화적 캐릭터이자 허구의 존재에 불과하다고 말했다.[139]

예수와 거의 같은 시대를 살았던 유대인 역사 저술가인 플라비우스 요세푸스(Flavius Josephus)는 자신의 책 [유대고대사](*Antiquitates judaicae*) 18권 3장 3절에서 예수에 대해 다음과 같이 쓰고 있다.

"그때에 예수가 등장하였는데 그는, 만일 우리가 그를 적어도 이렇게 부를 수 있다면, 현명한 사람이었다. 왜냐하면 그는 놀라운 일들을 행한 사람이었으며 진리를 기쁘게 받아들이는 사람들의 선생이었다. 그는 많은 유대인들과 많은 헬라인들을 불러 모았다. 그는 그리스도였다. 빌라도는 유대인들 가운데 있는 지도자들의 고소로 그를 십자가형에 처했다. 하지만 그를 이미 사랑했던 사람들은 이로써 그들의 사랑을 포기하지 않았다. 그는 사흘 만에 다시 살아나서 그들에게 나타났다. 하나님의 선지자들이 이것과 그에 대한 수많은 다른 놀라운 일들을 예언했다. 그의 이름을 따라 그리스도인들이라 불리는 이 지파는 아직도 존재한다."

요세푸스의 이 기록은 예수가 역사적으로 존재했던 인물이었음을 분명하게 보여주고 있다. 요세푸스의 증언은 예수

---

[139] 금기진, 같은 책, p.73.

에 대한 이야기가 복음서의 저자들이 취향대로 지어낸 '신화'가 아니라, 당대의 역사가가 목격한 '사실'임을 보여준다.

■ 예수의 동방 여행설

알레산드로 달라트리가 감독한 <가든 오브 에덴>(1998)은 예수에 대한 억지 주장에 근거해 만들어진 영화이다. 성경에는 예수의 13세부터 30세까지의 행적이 나타나 있지 않다. 이 영화는 그 기간 동안 예수가 동방으로 여행을 했으며, 에세네파의 쿰란 수도원에서 가르침을 받았다는 점을 중점적으로 부각시킨다.

<가든 오브 에덴>은 예수가 페르시아, 인도, 티베트 등의 동방으로 여행을 했고 거기서 불교를 공부하여 불교에 입문했었다는 니콜라스 노토비치(Nicolas Notovitch)라는 사람의 주장에 근거한 것이다. 노토비치는 자신이 1887년에 히말라야의 라다크(Ladakh) 지방의 레(Leh)라는 도시 근교에 있는 사원인 헤미스(Hemis)에서 예수가 동방에 왔었다는 내용을 담은 경전을 보았다고 주장했고 그것을 후에 책으로 발행했다.

이 책의 내용은 다음과 같다.

이스라엘에서 성스러운 아기가 태어나 이사(Issa)라는 이름이 붙여졌다. 이사는 14세에 상인들을 따라 인더스 강 유역에 도착했다. 이사는 자신을 완성시키고 붓다의 진리를 배울 생각으로 아리안 족들 사이에 정착했다. 이사는 자가나트(Jagannath)로 가서 베다를 읽고 해석하는 방법을 배운 뒤 노예 계급인 수드라(Sudra)를 가르치는데, 계급에 따라 인간을 차별하는 것은 하나님의 뜻이 아니라는 그의 가르침으로 인해 지위와 권력이 위협 당하게 되었다고 느끼는 브라만 계급의 보복을 피해 네팔로 도망가 6년간 머무르면서 불교 경전을 연구한다.

한국에서는 1986년에 한양대 불어불문학과 교수 민희식이 이 주장을 주간 「중앙」에 "예수는 한때 불교 고승이었다"라는 자극적인 제목(인터뷰)으로 발표해 떠들썩한 적이 있었다. 민씨는 지금도 이 주장을 고집하면서 기독교의 기원이 불교라는 것을 밝히기 위해 애쓰고 있다.

그런데 그가 '진리'라고 믿고 있는 노토비치의 주장은 이미 거짓임이 판명난 주장이다. 왜냐하면 저자인 노토비치가 그 문헌을 제시하지 못했기 때문이다. 더 이상 무슨 말이 필요하겠는가.

또한 J. 아치볼더 더글라스(J. Archibald Douglas) 교수라는 사람이 직접 그 사원을 방문해 그런 문헌이 있냐고 물어봤을 때 사찰의 주지승은 간단하게 다 답했다. "그런 책은 사원에 없다."

그러나 노토비치의 주장은 지금까지도 사라지지 않고 떠돌아 다니고 있다. 이 주장은 예수에 대해 성경과 대립하는 주장을 펴고 싶어 하는 이들의 소설(저자들은 자신의 책을 학문적 연구서라고 주장하지만)을 통해 계속 단골주제로 등장했다.

아돌프 힐겐펠트(Adolf Hilgenfeld)라는 사람은 1867년에 예수가 속한 에세네파는 아소카 황제시대에 활약한 승려들로부터 가르침을 받았다고 주장했고, 1880년에 에른스트 폰 분젠(Ernst von Bunsen)도 동일한 주장을 했다. 불교가 기독교에 엄청난 영향을 주었다면서 4권의 두꺼운 책들을 집필한 아르튀르 릴리(Arthur Lillie)라는 사람도 있었다. 또한 1880년에 출간된 작자 미상의 [예수-붓다]라는 책은 예수뿐 아니라 사무엘, 이사야, 예레미야 등이 불교사원에서 가르침을 받았다는 황당한 내용을 담고 있다.

■ 힌두교 우주론

예수가 동방에 머물렀다고 주장하는 또 한명의 사람은 [*The Aquarian Gospel of Jesus the Christ*]라는 책을 쓴 리바이 도우링(Levi H. Dowling)이다.140)

"리바이 도우링은 어린 소년 시절에 흰 도시를 세우라는 영감을 받았다. 이러한 영감은 수년에 걸쳐 간헐적으로 3번이나 계속되었다. 하얀 도시를 세우는 것이 바로 이 책 *The Aquarian Gospel of Jesus the Christ*를 집필하여 세상에 공개하는 일이었다. 이 책은 이른 아침 2시에서 6시까지 절대 엄정한 시간 속에서 성령이 명하는 대로 속기로 자동기술한 것이다."141)

도우링은 이 책에서 예수는 일원론자였고, 모든 종교는 외양은 다르지만 모두 같은 신을 믿는 것이라고 말했다고 주장한다. 그는 예수가 동방에 머물렀었고, 이집트에서 피라미드 비전(피라미드 속에서 행해지는 입문식)의 7 단계를 통과한 후 '그리스도'가 된 것이라고 주장하고 있다.

---

140) 리바이 도우링, [보병궁의 성약 : 아카식 레코드가 밝히는 쌍궁자리의 그리스도의 사명], 안원전 역, (대원출판, 1997).
141) 리바이 도우링, 같은 책, p.9.

"예수는 그가 애급에 있는 헬리오폴리스(Heliopolis)의 밀의적 聖형제단(Sacred brotherhood 일종의 冥想道家)에 입문하기 전에 '저는 모든 지상 생활을 더듬어 보고 싶습니다. 널리 학문적으로도 추구해 보고 싶습니다. 누군가가 이미 오른 높은 곳에 저도 오르고 싶습니다. 누군가가 고통받은 것을 저도 경험하고 싶습니다. 그리하여 이것으로 내 형제들의 비애, 실망, 가혹한 시련이나 시험 등을 알고 싶습니다.'라고 말한 것처럼 온갖 시련과 유혹과 고난을 통하여 1)Sincerity(誠實), 2)Justice(公正), 3)Faith(信仰), 4)Philanthrcpy(博愛), 5)Heroism(義烈), 6)Love Divine(聖愛)의 단계를 거쳐 7)The Christ라는 최고의 칭호를 얻게 된다."(역자 서문)

이야기는 여기서 끝나지 않는다. 번역서의 부제에 보면 '아카식 레코드'(Akashic Record)라는 용어가 나온다. 이 용어는 힌두교 우주론의 주장이며, 신지학회의 주장이기도 하다. 아카샤(Akasha)는 모든 생명체들의 생각과 의지, 감정, 경험의 모든 것들이 담겨있다는 에너지 장(場)을 의미한다. 즉 지구가 모든 것을 다 기억하고 있다는 것이다. 헬레나 블라바츠키도 자기가 아카식 레코드를 통해 예수의 어린 시절에 대해 알고 있다고 말한 바 있다.

도우링은 자신의 책은 자기처럼 수행을 통해 높은 경지의 영적 능력을 지닌 사람이 접근할 수 있는 영역인 아카샤에 접근하여 예수 그리스도의 어린 시절을 전부 받아 적은 것이라고 주장하고 있다.

아카샤 추종자들은 아카샤는 실재하지만 너무나 미묘해서 그것이 명백한 세계에 거처하는 많은 것이 될 때까지 감지될 수 없기 때문에 규율 있는 영적 생활 방식과 요가를 통해 아카샤에 도달할 수 있다고 주장한다. 어이없는 이론인 이 힌두교 우주론은 신과학 지도자인 데이비드 봄(David Bohm)같은 사람에 의해 여전히 추종되고 있으며, 추종자들은 이것을 양자진공(quantum vacuum)이라고 부른다. 양자진공이 물질의 역사적 경험을 기록하는 홀로그램 정보장이라는 것이다.

도우링은 이 책에서 신약성경에 나타난 예수에 대한 묘사는 거짓이며(모든 이교주의는 성경에 대한 불신앙에서 출발한다), 예수는 본래 하나님이 아니라 인간이며, 인간인 그가 인도에서 깨달음을 경험하고 이집트에서 오컬트 의식을 통해 도통하게 되어 결국 '그리스도'가 되었다는 주장을 한다(영화 <몬트리올 예수>는 "예수는 청년시절 이집트에서 마법을 배웠다"라는 말로 시작된다). '인간이 신'이라는 뉴 에이지 운동의 주장을 전파한 존재가 예수라는 것이다.

"나는 인간의 가능성을 보여 주기 위하여 생활했다. 내가 이룬 일은 사람이라면 누구나 할 수 있는 일이다. 또한 모든 사람이 나와 같은 경지에 이를 수 있으리라."

역자는 이렇게 적고 있다.

"하나님의 자녀로서 인간은 영원한 생명의 문으로부터 멀어진, 육화한 신이며 자신의 내면에 잠재해 있는 신성(神性)을 찾아내기 위해서는 보다 마음을 순결히 정화하여 우주 보편적 사랑인 그리스도를 받아들일 수 있도록 예비해야만 한다."

"이러한 기독교의 정통적 복음이 2,000여 년의 장구한 역사의 흐름 속에 사장된 채 진리가 왜곡되어 고정화 된 것이 놀라운 것이다."

"그리스도라는 단어는 '기름 부음을 받은 자'를 의미한다. 그리고 그것은 하나의 관직명이다. 그것은 사랑의 대스승을 의미한다. 우리가 '예수 그리스도'라고 말할 때, 우리는 예수라는 사람과 그리스도라고 하는 직명(職名)을 언급하고 있는 것이다. 그것은 마치 우리가 '에드워드 대통령'이나 '링컨 대통령'이라고 말하는 경우와 같다. 에드워드는 항상 대통령은 아니며 링컨도 항상 대통령이었던 것은 아니었다. 또한 예수도 처음부터 항상 그리스도는 아니었던 것이다. 예수는 끊임없이 분투하여 노력한 생활 끝에 그리스도가 될 수 있었던 것이다."

예수에 대한 이와 같은 주장들은 모두 정경에 대한 거부에서 출발한 것이다. 이들의 신앙적 전제가 성경에 대한 불신이기 때문에 이런 터무니없는 주장을 하는 것이다. 정경과 상이한 결론에 도달하게 되는 모든 이유는 간단하다. 그가 그리스도인이 아니기 때문이다. 모든 사람은 자기의 신앙적 전제에 의해 예수에 관한 글을 쓴다. 그리스도인은 예수 그리스도에 대한 성경적 믿음에 근거하여 글을 쓰고, 불신자는 정경에 대한 불신에 근거하여 글을 쓴다.

제 7 장 페미니즘과 여신숭배

- 가부장제의 수호신 야웨
- 영지주의와 페미니즘
- 마고 여신과 바알

■ 가부장제의 수호신 야웨?

 페미니즘(여성해방 운동)은 가부장제(家父長制)에 대한 비판을 목표로 전개된다. 가부장제 이데올로기가 사회, 종교, 학문 등 모든 분야에서 작동하고 있으므로 그것을 제거해야 한다는 것이다. '페미니즘 역사학', '페미니즘 종교학'이라는 것도 역시 이를 목표로 하는데, 이들은 가부장제 이전에 '가모장제'(家母長制, matriarchy)가 있었다고 주장하면서 가부장제의 지속이 필연적인 것이 아님을 밝히려고 애쓴다.

 가모장제 이론은 1861년 [모권](母權, *Das Mutterrecht*)을 출간한 요한 야콥 바호펜(Johan Jacob Bachoefen)에 의해 시작되었고, 후에 마틸다 조슬린 게이지, 엘리자베스 굴드 데이비스, 헬렌 디너, 머린 스톤, 이블린 리드, 마리아 짐부타스, 캐롤 크라이스트, 엘리자베스 피셔 같은 여성해방론자들에 의해 대중에게 보급되었다(에리히 프롬도 이 이론의 열렬한 지지자였다).

가모장제 이론의 추종자들은 고고학자들이 발견한 여성신상(女性神像) 유물들이 고대 가모장제와 여신숭배의 증거라고 주장한다. 이들은 기독교의 야웨 하나님이 여신들(고대 근동의 다신론)을 몰아내고 절대자로 군림했고, 야웨는 가부장제의 수호신이라고 주장한다. 여신들이 통치하던 가모장제 사회는 평화와 행복 그 자체였는데, '남성신'(男性神) 야웨가 여신들을 몰아냈다는 것이다.

그러나 페미니즘 비교종교학 교수인 리타 그로스(Rita M. Gross)의 말처럼 "제한적이며 모호한 물질적 인공물만을 가지고서 쉽사리 지나치게 상세한 신화들과 의례들을 추론해내는 것은 커다란 결점"이며, 이런 것은 "자기가 원하는 생각의 투시"에 불과하다.

이들은 이스라엘은 원래 여성신을 숭배했으나, 남성신 야웨만을 숭배해야 한다고 주장하는 남성 집단에 의해 이스라엘에 남성신 숭배가 자리 잡았다고 주장한다. 야웨는 '아세라', '아스다롯' 같은 여신과 함께 숭배되었고, 왕국시대 초기까지 거부당하지 않았기 때문에 본래 구약성경의 신관(神觀)은 다신론(多神論)적이며, 그러므로 여신숭배를 다시 부활시켜야 한다고 말한다.

그런데 이런 주장은 기독교에 대한 반감과 성경에 대한

무지에서 기인한 것이다. 우선 야웨 신앙은 여신뿐만이 아니라 모든 남신도 배제한다. 성경은 오직 유일신 야웨 하나님만을 인정하는 것이다.

구약학자 랠프 스미스(Ralph L. Smith)의 말을 들어보자.

"구약에서 하나님이 한 분이라는 개념은 독특하고 중요하다. 고대의 다른 민족들은 그들의 신들이 다수이고, 각각의 신은 자신의 고유한 영향력과 책임의 범위를 가지고 있다고 생각했던 반면, 고대 이스라엘은 자신의 하나님이 한분이시고(나누어지지 않고), 신의 모든 속성들과 권능을 자신의 인격 속에 가지고 계시며, 실존의 모든 영역을 다스리신다고 생각했다. 야웨 속에는 그 어떤 성적 구분도 존재하지 않았다. 히브리어에는 여신을 가리키는 단어가 없다."

야웨 하나님은 고대 근동의 이교도들의 신들과 달리 여성신과 짝을 이루지 않으며, 다른 신과 관계를 맺지도 않는다. 이것이 야웨 신앙의 '독특성'이다. 고대 근동의 모든 종교들에는 '유일신'(唯一神) 개념이 있을 수가 없다. 왜냐하면 신들이 계급을 가지고 있고, 부부관계를 맺고 있고, 가족(근친상간)을 이루고 있기 때문이다. 그러므로 '유일신'이라는 개념이 절대 성립할 수 없다. 신들이 언제나 '여럿'이기 때문이다. 이런 종교들은 인간 사회에서 통용되는 개념들(계급, 결혼, 가족)을 신들에게 부여한 유치한 신화에 지나지 않는다.

가나안의 신들은 늘 많은 신들 가운데 있다. 서로 싸우다가 죽임을 당하기도 하고, 다른 신의 도움으로 살아나기도 하는 등 의존적인 존재들이다. 이들이 의존적인 존재들이라는 것은 그들이 절대적인 주권을 가진 신이 아님을 보여주는 것이다. 그러나 야웨 하나님은 온 세계를 주관하는 유일한 분이며, 스스로 존재하는 독립적 존재이시다.

유일함이라는 것은 야웨 하나님의 중요한 속성이며 가나안 신들에게서는 발견될 수 없는 속성이다. 가나안 신들은 만신전(萬神殿)에 있기 때문에 유일하다는 속성을 적용시킬 수 없다. 바알은 자기가 최고(最高)의 신이라고 주장하지만, 여러 신들과 함께 나타나며 언제나 자기의 주권을 벗어난 신들이 존재하고 있다.

또한 야웨가 여성신과 함께 숭배되었고 왕국시대 초기까지 거부당하지 않았다는 주장도 전혀 설득력이 없다. 이것은 '비정통적 민간 신앙'과 '규범적인 야웨 신앙'을 구별하지 않았기 때문에 나타난 주장이다.

구약성경은 규범적 야웨 신앙을 벗어난 혼합주의적 민간 신앙이 꽤 오랫동안 이스라엘 사람들을 지배하고 있었음을 보여준다. 구약 선지자들의 비판은 바로 이런 비정통적 민간 신앙에 대한 비판인 것이다.

이스라엘은 사사 시대에 바알과 아세라를 숭배했고, 북왕국 이스라엘의 아합은 바알과 아스다롯의 제사장이었던 시돈 왕 엣바알의 딸 이세벨을 아내로 삼아 사마리아에 바알 신전을 세우고 아세라 여신상을 세움으로써 바알 종교가 거의 이스라엘의 국교가 되게 까지 했다.

통일 왕국 시대에 솔로몬은 정략결혼을 했는데, 그는 아내가 섬기던 여신 아스다롯을 섬겼다. 남왕국 유다의 므낫세는 자신이 직접 만든 아세라 상을 예루살렘 성전에 세움으로써 비정통적 민간 신앙이었던 아세라 숭배를 왕정 제의의 한 부분으로 합법화하였다(예레미야 선지자는 유다 멸망의 원인이 므낫세의 우상숭배임을 밝히고 있다).

이런 행위들은 '규범적인 야웨 신앙'을 대표하는 선지자들의 비판을 받았다. 그러므로 야웨가 여성신과 함께 숭배되었고 왕국시대 초기까지 거부당하지 않았다는 페미니스트들의 주장은 신학적 무지에서 기인한 오류이다.

'비정통적 민간 신앙'의 출발은 가나안 정착 이후이다. 가나안에서는 비와 농사의 신 바알이 숭배되었다. 바알 종교는 남신 바알과 여신 아세라의 성적(性的) 결합이 지상에 풍요와 다산(多産)을 가져다준다고 믿었다. 신전에서 남자 제사장과 여자 제사장이 신들 사이의 성적 결합을 재현했고, 모든 바알 신봉자들은 남자는 바알, 여자는 아세라와 동일시되면서 성관계를 통해서 다산을 보증 받으려 했다(성전 섹스

의식).

 페미니스트들은 엘리야가 '유일신' 개념을 출발시킨 사람이라며 비판하는데, 이런 주장은 한마디로 억지이다. 성경의 신관은 '늘' 유일신론이었다. 사람들은 십계명의 제1계명인 "나 외에는 다른 신들을 네게 있게 말지니라"(출 20:3)를 근거로 들어 구약이 다른 신의 존재를 인정하면서 여러 신들 중에서 하나만을 믿는 '단일신론'이었으나, 후에 '야웨' 만을 고집하는 유일신론으로 변한 것이라고 주장한다(김용옥도 이런 주장을 한다).

 하지만 구약은 다른 신들이 존재한다거나 존재하지 않는다는 것에 대하여 강조하지 않는다. 이런 것에는 관심도 없었던 것이다. 이스라엘이 강조했던 것은 다른 신들이 어떤 일을 행할 '능력'을 갖고 있지 않다는 것이다. 그러므로 '신'으로 불리는 그 신들은 진짜 신이 아니다.

 "오직 우리 하나님은 하늘에 계셔서 원하시는 모든 것을 행하셨나이다 저희 우상은 은과 금이요 사람의 수공물이라 입이 있어도 말하지 못하며 눈이 있어도 보지 못하며 귀가 있어도 듣지 못하며 코가 있어도 맡지 못하며 손이 있어도 만지지 못하며 발이 있어도 걷지 못하며 목구멍으로 소리도 못하느니라 우상을 만드는 자와 그것을 의지하는 자가 다 그와 같으리로다"(시 115: 3-8).

 그리고 단일신이라는 개념은 성경이 강조하는 '우주의 주권자 야웨'라는 개념에 어긋난다. 하나님은 고대 근동의 신 개념(神槪念)인 지역신(地域神)이 아니시다. 어느 한 지역을 다스리는 신이 아니라는 말이다. 야웨 하나님은 다른 신들과 영역과 통치권을 나누어 갖는 신이 아니시다. 오직 그분만이 신이시다.

■ 영지주의와 페미니즘

소피아는 나그 함마디 영지주의 문서에 등장하는 여신의 이름이다.

"영원한 충만eternal Fullness(Pleroma)이라는 지고한 자리에 머물러 있던 소피아는 자신의 본래 자리를 떠나 혼돈과 절망적인 소외의 세계로 내려온다…이때 소피아의 본성에서 기묘한 분리가 일어난다. 소피아의 높은 자기, 곧 본질적 핵은 깨어나 충만에게로 다시 신비롭게 상승하고 낮은 자기는 소외 속에 그대로 남는다."[142]

"낮은 소피아, 즉 아카모트Achamoth(히브리 어로 지혜를 뜻하는 호크마Chokmah의 철자를 바꾼 것)는 소외된 자신의 상황 속에서 몸부림친다. 고통 속에서 소피아는 나중에 응축하여 물질 우주의 재료가 될 힘들powers을 밖으로 방출해 낸다. 그녀는 또 의식의 잡종, 곧 사자 머리를 한 괴물을 낳는데, 그것이 창조된 세계의 '조물주'인 데미우

---

142) 스티븐 횔러, 같은 책, pp.61-63.

르고스(얄다바오트Ialdabaoth, 사클라스Saclas, 사마엘Samael이라고도 알려진)가 된다. 소피아의 부정한 자식은 자신만의 왕국을 계획한다."143)

"영지주의 경전들은 거듭해서 조물주가 자신 위에 있는 존재들에 대해 전혀 알지 못한다고 말한다. 조물주는 무지하기만 한 것이 아니다. 조물주는 또 자만심과 무례함으로 가득차 있다. 그는 자신이 혼자라고, 그의 표현대로라면 "그(나)는 유일한 하나님이요 그(내) 위에 다른 하나님은 없다"고 믿는다. 화가 난 소피아는 데미우르고스의 말을 부정하면서, 그보다 위대한 다른 권능자들이 있으며 그는 단지 더 큰 계획 속에 들어 있는 작은 존재에 지나지 않는다고 말한다. 하지만 데미우르고스는 이 사실을 비밀로 하고서 자신의 지배 아래 있는 피조물에게 자신만이 유일하고 참된 하느님이라고 계속 믿게 만든다."144)

이처럼 나그 함마디 영지주의 문서에서 소피아가 하는 일은 야웨 하나님이 열등하고 악한 존재라는 것을 알리는 것이고, 야웨 배후에 진정한 하나님이 있다는 사실을 가르치는 것이다. 정통 기독교의 가르침과 야웨 하나님을 공격하는 것이 여신 소피아가 맡은 임무인 것이다.

페미니스트들은 이 소피아 여신에 열광한다. 소피아의 임무가 '가부장제의 수호신'인 야웨 하나님에 대한 공격이니 그들이 소피아를 반기는 것은 당연하다.

---

143) 스티븐 횔러, 같은 책, p.63.
144) 스티븐 횔러, 같은 책, p.65.

1993년 미네소타주 미네아폴리스에서 페미니스트 모임인 Re-Imagining Conference가 열렸다. 이 컨퍼런스의 안내문에는 다음과 같이 적혀 있다. "소피아의 목소리는 너무나 오랫동안 침묵해 왔다. 이 시대에는 그녀로 말하게 하고 우리를 축복하게 하라."

■ 마고 여신과 바알

2002년에 강현일이 감독한 <마고>라는 영화가 개봉했다. 이 영화를 다룬 당시의 「우먼타임즈」기사를 통해 이 영화와 관련된 논쟁을 살펴보자.

"논쟁의 맥락을 알기 위해서는 마고신화에 대한 이해가 필요하다. '마고신화'에 대한 논란은 여신 '마고'를 어떻게 바라보느냐 하는 문제를 바탕으로 한다. 우선, 영화 <마고>의 시나리오를 쓴 장경기씨는 '마고'를 여신이 아닌 중성으로 상정하고 마고 여신이 한웅과 성적 결합을 해 아이를 출산하고 만물을 창조한 것으로 이야기한다. 영화는 '마고신화'가 최초로 소개된 <부도지>의 내용과 달리 남성인 한웅이 마고와 함께 천지를 창조하고 혼돈을 수습하는 것을 주 내용으로 삼고 있다. '마고'를 연구해온 종교여성학자 황혜숙(미국 남가주 클레몬트 종교대학원 종교여성학 박사 과정)씨는 영화 <마고>의 논리와 장경기씨의 주장을 정면으로 반박한다. 황씨는 영화가 '마고'의 역사적 기록을 부정하고 주체적인 여신으로서의 의미를 탈각시킨 채 남성적 시각으로 왜곡하고 있다고 주장한다. 황씨의 주장은 한민족 창세기 신화인 '마고' 설화가 실린, 신라 눌지왕 때 박제상이 썼다는 <부도지>를 근거로 한다. <부도지>에 따르면 마고는 여신이고 동정생식을 통해 두 딸 소희와 궁희를 출산했으며 영화 <마고>의 핵심인물인 한웅은 여신 마고의 후대에 나타나는 인물이라는 것."

이 논쟁의 핵심은 '마고'라는 '여신'이 인류와 세계의 창조여신이며, 남자는 처음부터 있었던 존재가 아니라 후에 생긴 존재라는 것이다. 이것만 봐도 마고에 집착하는 사람들이 하고 싶은 말이 무엇인지를 어렵지 않게 알 수 있다.

이 기사에서 언급된 황혜숙은 2005년에 <대여신 마고를 찾아서: 상고대에 기원을 둔 동아시아 여성중심적 전통 마고문화에 관한 신화적, 역사적, 여신학적 재구성>이라는 논문으로 종교학 박사학위를 받은 전직 가톨릭 수녀이며, 페미니즘의 고전인 메리 데일리의 [교회와 제2의 성], [하나님 아버지를 넘어서 : 여성들의 해방 철학을 향하여]를 번역한 사람이다.

그녀는 여성문화이론연구소에서 발행하는 「여/성이론」이라는 잡지 7호에 「마고여신학: 한국적 여성주의 사상을 영성으로 꽃피우기」라는 글을 기고한 바 있는데, 마고에 주목한 이유와 마고가 어떤 여신인지에 대한 그녀의 설명을 들어보자.

"여성의 몸과 성애, 정신은 남성들에 비하면 열등하다는 가부장제의 '교리'를 종교와 신학, 자연의 법칙, 우주의 원리를 사용해서 설파해왔기 때문에 여성들이 심층적으로 이런 가부장제의 '교리들'을 분석하고 파악하지 않으면 여성들의 자아에 대한 긍정성을 이해할 기반을 잃게 된다. 여성들이 남성과 마찬가지로 당당한 사회적, 역사적, 주체로서 살아가기 위해서 우리들은 사회의 근본적인 인식(혹은 그것을 신화, 지식, 상식, 신앙, 믿음, 종교라고 부르든지 간에)이 어떻게 여성들을 종속시키고 있는지 이해해야 한다...한 사회가 독립적이고 주체적인 여신의 모습을 제시할 때, 여성들도 독립적이고 주체적인 삶을 영위하게 된다. 기독교 여신학자들이 '하나님'이라는 남성신에게 성전환수술을 하고 여성 옷을 입히는 이유도 여기에서 나온다. 아무리 성전환 수술을 하고 여성옷을 입혀도 기독교의 신의 남성적 특성을 제거할 수 없다고 생각하는 서구여성들이 고대유럽의 여신종교로 돌아 선지도 수십 년이 지났다. 서구의 여성학자들이 역사적인 여성인물을 찾아서 학문화하는 이유도 여기에 있다...마고여신은 한국여성들이 잃어버린 여성들의 정신적, 도덕적 권위를 되찾아 준다. 한국사회가 마고여신을 높이 기리는 날, 한국여성들도 유교적 여성억압 이념과 호주제 같은 악법에서 해방될 것이다."

"<부도지>는 서슴없이 우주의 첫 인간이 마고라는 여성이며 마고가 인류의 시조가 된 위대한 모신이라고 선포한다. 마고는 선천과 후천의 사이의 시간인 짐세에 태어났다. 짐세 때에는 려(呂, 여성적 우주

음악)와 률(律, 남성적 우주음악)이라고 불리는 우주 음악이 생길 때마다 별들이 창조되는 등 우주의 창조가 완성되어 갔다. <부도지> 2장은 우주창조가 려률의 조화로운 발생에 의해서 생겨났지만, 마고는 팔려(八呂)라는 여성음악에 의해서 태어났다고 말하고 있다. 팔려라는 음악은 마고뿐 아니라 실달성, 허달성과 마고대 성도 탄생시켰다. 마고는 최초의 신-여성 혹은 신선으로서 두 딸 궁희와 소희를 낳아서 오음칠조의 음악을 맡아 관리하게 하였다. 궁희와 소희가 네 딸과 네 아들을 낳는데, 그때서야 남성인간이 나타나게 된 것이다. 마고와 궁희와 소희는 남성들이 태어나기 전의 신-인간들이었다. 우리는 남성들이 나타나기 전에 마고성에 있었던 여성들만의 초기 인류공동체를 상상할 수 있다. 마고와 궁희, 소희는 모두 단성생식을 한 여성들이다. 마고가 만든 마고성은 첫 여성인류의 낙원이었고, 그곳은 여성적인 힘과 상징으로 넘쳐나고 있다."

이 글에서 "우리는 남성들이 나타나기 전에 마고성에 있었던 여성들만의 초기 인류공동체를 상상할 수 있다"라는 표현이 나오는데, 이는 앞에서 언급한 '가모장제 선행론'과 일치함을 알 수 있다.

"그러나 마고의 세계창조가 아직 완성된 것이 아니었다. 8명의 천인들은 본음을 다스렸으나 향상(響象)을 바르게 밝힐 사람들이 없었기 때문에 만물이 조절되지 않았다고 한다. 마고가 일차적인 창조를 끝냈으나 거대한 우주의 음악에 향상할 인간들이 더 필요하게 되었다. 이에 마고는 네 천녀와 네 천인들에게 출산하도록 만들었다. 이에 남녀가 처음으로 교접하여 삼남삼녀의 자손들을 낳았다. 이 자손들이 지상에 나타난 인류의 조상들이 된 것이다. 인류가 삼천 명이 되었고 자손들은 향상을 밝히니 다시 역수가 조절이 되었다."

위의 글에 "마고가 일차적인 창조를 끝냈으나 거대한 우주의 음악에 향상할 인간들이 더 필요하게 되었다"라는 표현이 나오는데, 이것은 마고가 가나안의 신들과 같은 수준의 신에 불과함을 보여준다. 마고가 인간들을 필요로 한다는 것은 마고가 가나안의 신들과 마찬가지로 의존적인 존재임을 보여주는 것이고(부족함을 느끼는 존재는 신이라고 볼 수 없다), 마고가 두 딸을 낳았다는 것은 신들이 결혼을 하고 자녀를 낳는다는 가나안 신들의 이야기와 동일한 것이다.

그런데 황씨는 이런 수준의 신화를 소개하면서 성경을 조롱하는 말을 하고 있다.

"마고의 창조원리는 무에서 유를 창조해내는 어처구니없는 논리적 비약의 서술이 아니라 그 창조의 단계적 서술이 과학적이면서도 철학적이다. 다시 말해서, 마고가 인류와 세계를 창조한 사건을 이해하기 위해서 우주와 자연의 변화와 생성 과정을 이해하게 된다. 마고가 세계의 창조자라는 사실을 무조건 믿을 필요가 없다. 우주의 변화과정 속에서 마고는 태어나서 우주창조와 변화의 순리와 더불어서 마고는 두 딸을 낳는다. 그리고 그 딸들이 네 천녀와 네 천인을 낳아서 마고성에서 나오는 지유로 양육한다. 마고와 두 딸이 단성생식을 했다는 부도지의 서술은 세계의 고대 여신신화에서는 전혀 생소한 주제가 아니다. 사실 비과학적으로 보이지 않는다. 우리는 지금도 여러 동식물이 단성생식을 하고 있다는 과학적인 기사를 접한다. <부도지>는 초기의 인간인 마고와 두 딸들이 단성생식을 했다고 쓰고 있다. 박제상은 이 단성생식을 한 첫 인류를 여성의 원형으로 정하고 있다. 스스로 자손을 생산을 하는 인간을 여성으로 본 것이다. 세계의 신화와 역사, 종교에 주요한 주제가 되는 동정출산 혹은 처녀이자 어머니가 되는 여신들의 이야기는 마고의 처녀출산의 신화 속에서 이해될 수 있다. 혹은 그 역으로 <부도지>의 마고신화는 세계의 다른 여신신화와 역사의 문맥 안에서 더 잘 이해될 수 있다."

황씨가 "무에서 유를 창조해내는 어처구니없는 논리적 비약의 서술"이라며 비꼬는 것은 다름 아닌 구약 창세기의 창조 기사를 겨냥한 것이다. 하지만 '전능하신' 야웨 하나님께서 무(無)에서 유(有)를 창조하시는 것은 "어처구니없는" 것이 아니라 너무나 당연한 것이다.

또한 그녀는 「세계 속의 마고 영성 : 우주의 중심을 이루는 창조자 어머니 마고, 그리고 우리 자신 속의 잊혀진 여신」이라는 글에서 마고 여신이 전능하지 않다는 것을 오히려 자랑스럽게 여기고 있는데, 그의 발언은 뉴 에이지 운동의 사고("우리 인간성 안에 내재한 신성")와 유사하다.

"특히 기독교의 유일신관이나 남성중심적 사고로는 마고여신을 심층적으로 이해하기가 어렵습니다. 인격신의 존재 자체를 거부하는 철학에 근거한 불교적 관점에서도 어려움이 있을 것입니다. 마고는 유대-기독교의 야훼 하느님처럼 무에서 유를 창조한 신도, 전지전능한 신도 아니고, 인간과 세계와 동떨어져서 그 피조물 위에 군림하는 신이 아닙니다. 마고는 무에서 인간을 창조하는 신이 아니라, 자신의 몸을 통해서 출산하는 여신입니다. 신성과 인간성을 구별하여 자신이 완전한 신성을 유지하고 있다고 강조하는 여신도 아닙니다. 마고여신은 신성과 인간성이 인간내부에 공존하고 있다고 가르칩니다. 따라서 마고 신관은 인간으로서 신성에 달하는 것에 관해서 말해줍니다. 바로 마고는 우리 인간성 안에 내재한 신성을 총칭적으로 일컫는 이름입니다. 유대-기독교의 <창세기>에 나오는 신관이 인간과 자연에게는 절대적인 의존성과 부정적인 개념을, 하나님 아버지라는 신에게는 절대적인 능력과 긍정적인 개념을 고정시키는데 비하여, <부도지>가 말하는 마고여신관은 마고여신에게 궁극적인 주권과 창조력을 부여하면서도 인간과 자연은 절대적으로 마고에게 절대적으로 의존하지 않습니다. 마고는 세계의 창조자이지만, 궁극적인 창조주는 아닙니다. 앞에서 살펴본 대로, 려률(呂律)이라는 우주의 음악이 균형을 이루고 부활할 때마다 별들이 탄생되었고, 팔려(八呂)라는 여성적 우주음악에 의해서 별들과 실달성, 허달성, 마고대성 그리고 마고가 태어났다고 말하고 있습니다. 따라서 마고의 신성은 우주를 움직이는 궁극적인 힘, 려률을 통해서 나타납니다."

위와 같은 이야기는 그녀의 말처럼 "전혀 생소한 주제가 아니다." 바알 종교를 포함한 고대 근동의 모든 이방 신들의 특징이 바로 변화하는 자연세계가 현실과 의미의 틀로서의 역할을 한다는 것이기 때문이다.

야웨 신앙을 제외한 모든 고대 근동 세계의 사회들은 자연 현상들을 의미와 질서에 대한 단서로 본다. 즉 신이라는 존재가 자연세계의 질서에 종속되어 있는 것이다. 세계의 기원과 그 세계가 유지되는 이유가 이교주의는 '비와 성장'(바알이 풍요의 신임을 기억하라)이고, 야웨 신앙은 '창조주'인 것이다. 마고는 바알과 똑같은 수준의 신인 것이다. 마고는 신이 아니다.

제 8 장 샤머니즘과 조상제사

- <식스 센스>와 귀신 문화
- 단군과 샤머니즘

■ <식스 센스>와 귀신 문화

M. 나이트 샤말란 감독의 영화 <식스 센스>의 줄거리는 다음과 같다.

심리학자 말콤 크로우가 아내와 함께 공로상을 받은 것을 축하하고 있을 때 옛 환자 빈센트 그레이가 침입한다. 빈센트는 말콤의 치료가 잘못되었음을 비난하며 말콤을 총으로 쏘고 자살한다. 몇 달 후 말콤은 아홉 살 난 소년 콜 시어를 상담하기 시작한다. 엄마 린과 단 둘이 사는 콜은 원인 모를 불안장애를 겪고 있다. 어렵게 콜과 가까워진 말콤은 아내가 다른 남자를 만나는 것을 알고 결혼 생활에 환멸을 느끼게 된다.

말콤이 빈센트의 이야기를 꺼내자 콜도 마침내 마음을 열고 자신의 고통을 털어 놓는다. 소년은 그에게 도움을 구하는 유령들의 방문을 받고 있었다. 말콤은 소년에게서 손을 떼려 하지만 콜은 자기를 포기하지 말라고 사정한다. 빈센트의 상담 테이프를 다시 들어 본 말콤은 초자연적 현상의 실재를 확신하고 콜을 다시 맡기로 결정한다.

콜을 방문하던 유령들 중의 하나인 카이라는 콜을 숨겨진 비디오

테이프로 안내해 자신이 장례식 추모객들 앞에서 살해당했음을 알린다. 콜은 학교 연극에서 좋은 연기로 지금까지 자신을 놀려오던 친구들의 찬사를 받는다. 이제 자신의 능력을 엄마에게도 털어놓을 수 있게 된 콜은 엄마에게 죽은 할머니의 메시지를 전한다. 더 이상 치료받을 필요가 없음을 확인한 말콤과 콜은 헤어진다.

말콤 크로우는 어느 날 자신들의 결혼식 비디오를 틀어 놓고 잠이 든 아내를 발견한다. 말콤이 다가가자 아내는 잠든 상태에서 눈물을 흘리며 남편에게 왜 자신을 떠나갔느냐며 말한다. 말콤은 그때서야 자신이 총에 맞아 죽었던 귀신임을 알게 된다.

<식스 센스>(1999)는 "섬뜩한 디테일과 모든 것을 원점으로 돌려놓는 최종 반전"으로 유명하다. 귀신들을 보며 그것들의 사연에 시달리는 소년이라는 사색적 설정은, 영화철학자 안드레이 타르코프스키가 호러영화를 찍었다면 <식스 센스>와 같은 영화가 되었을 것이라는 격찬을 받도록 만들어 주었다.

하지만 유령들의 방문을 받는다는 설정은 새로운 것이 아니다. '사람이 죽어서 구천을 떠돎'이라는 샤머니즘(巫敎)의 허황된 미신적(迷信的) 세계관에 불과하다(알레한드로 아메나바르가 감독한 <디 아더스>도 마찬가지이다). <식스 센스>는 결국 죽어서 떠도는 원혼(冤魂, 원통하게 죽은 사람의 넋)들이 산사람들과 접촉한다는, 자신이 죽은 줄도 모르

고 살아가는 이승을 떠도는 귀신(말콤 크로우)이야기인 것이다.

일본 민속학자 촌산지순(村山智順)이 정리한 바에 따르면,145) 샤머니즘에서는 사람이 죽으면 생명이 혼(魂), 귀(鬼), 백(魄) 세 개로 분리된다고 한다. 혼은 하늘로, 백은 땅으로, 귀는 공중에 존재하며, 귀와 백은 인간과의 교섭을 유지한다. 죽은 자를 이은 자손이나 연고자에 의해서 정성껏 조의(弔意)를 받았을 때 귀와 백은 만족해서 흩어진다.

백은 묘 속에서 3년의 제사를 받고, 귀는 사당에서 자손 4대의 제사를 받음으로써 비로소 눈을 감는다. 이렇게 충분히 제사를 받은 귀는 그대로 흩어져 없어지기 때문에 사람과 더 이상 아무런 교섭을 가지지 않는다.

그런데 백과 귀가 정당한 조의를 받지 못하고, 제사를 받을 수 없는 경우에는 백과 귀의 기(氣)가 응결하여 귀신이 된다. 이 경우 백의 수명은 3년이고 이미 땅 속에 묻혀있기 때문에 귀신으로서 그다지 큰 활동을 할 수 없지만, 귀는 그 수명이 자손 4대에 걸칠 정도로 길다.

사람이 죽어서 구천을 떠돈다는 생각의 출발은 이런 미신으로 인한 것이다. 사람들은 이런 말도 되지 않는 미신을 믿고, 귀신을 달래기 위해 애쓰면서(귀신의 비위를 맞추면서)

---

145) 村山智順, [조선의 귀신], 김희경 역, (동문선, 1990).

살아가고 있는 것이다.146)

사람들은 무당이 '용하다'라는 말을 한다. 신기한 일들이 '실제로' 일어난다는 것이다. 그런데 그건 그렇게 놀랄 일이 아니다. 무속신앙은 '영적 존재'인 사단이 활동하는 영역이기 때문에 신기한 현상이 나타나는 것은 당연하다. 그런 신기한 것을 통해 사람들을 미혹하는 것이다. 성경은 출애굽 때에 모세의 '기적'을 애굽의 무당들이 흉내 냈다고 말하고 있다.

사람들이 미신에 기반한 삶을 살았음을(지금도 그렇게 살고 있음을) 보여주는 증거는 너무나 많다. '조상제사'를 예로 들어보자. 한국에서 기독교가 욕먹는 가장 큰 이유 중 하나가 '조상제사' 문제이다.

[한국민족문화대백과사전](한국정신문화연구원 발행)은 '조상숭배'에 대해 다음과 같이 쓰고 있다.

"조상숭배가 철학적·윤리적인 체계를 가지고 인식된 것은 유교의 정착을 통해서이다. 유교에서 천신(天神)·지기(地祇)와 함께 인귀(人鬼)를 제사하는 것을 길례(吉禮, 경사스런 예식)로 삼은 것은 이미

---

146) 성경은 사람이 죽어서 귀신이 되는 것이 아니라, 천사가 타락해 사단이 되었고, 그 사단의 추종자가 귀신임을 말하고 있다. 죽은 사람의 영이 귀신이라는 주장은 B.C. 1세기에 활동했던 스토아학파 철학자 포시도니우스(Posidonius)의 주장이다. 요한계시록 1장 18절은 예수 그리스도께서 "사망과 음부의 열쇠를 가졌"다고 쓰고 있다. 그러므로 예수께서 재림하실 때까지 죽은 사람의 넋이 돌아다닐 수 없음은 명백하다.

《주례 周禮》 이래의 정설처럼 되었다. 여기에서 인귀는 죽은 조상을 말하는데, 《예기》 분상편(奔喪篇)에 보면 장례를 치른 뒤 곧바로 할아버지의 묘(廟)에 같이 모시는 것으로 되어 있지만, 3년 후 대상(大祥)을 지낸 다음에는 점차적으로 독자적인 묘에서 제사하게 되어 있다. 그리고 이제부터 정식으로 종묘(宗廟)의 제사가 행해진다. 이 때 종래의 고조묘(高祖廟)를 옮겨놓고 증조묘(曾祖廟)・조묘(祖廟)를 한 단계씩 높이고, 신망자(新亡者)의 묘를 새롭게 추가하여 종묘의 전체제가 갱신되며, 새로운 가장(家長)에 의해서 유족들의 생활이 통솔되어 정상적인 상태로 되돌아오게 되는 것이다. 종묘의 제사는 새로운 가족의 체제에 입각하여 복상(福祥)을 기원하게 되지만, 이와 함께 천신・지기에 대한 제사도 공식으로 하게 된다. 이처럼 종묘의 조신(祖神)이 수호신으로서 천신・지기와 똑같이 복상의 기원의 대상이 된다. 조상을 제사하는 것이 길례가 되는 것은 그 복상을 기원하는 대상이 되기 때문이다. 만약, 조상의 정령이 자손의 제사를 받지 못하면 굶주린 영, 즉 아귀(餓鬼)가 된다. 이때는 그 영이 선조의 자격을 잃고 조상신으로서의 대접을 받지 못한다. 이런 면에서 보면 조상신은 분명히 천신・지기와 차원이 다르지만, 조상신이 같은 반열에 있을 수 있는 것은 다만 복상의 기원을 받을 수 있기 때문이다. 이처럼 죽은 자와 산자가 한 공동체를 이루어 먼 조상에까지 하나로 연결되어 있는 것이 조상숭배의 특성이라 할 수 있다."

이 글은 조상제사가 귀신이 된 죽은 사람을 숭배하는 것임을 분명하게 보여주고 있다. 사도 바울은 "대저 이방인의 제사하는 것은 귀신에게 하는 것이요 하나님께 제사하는 것이 아니니 나는 너희가 귀신과 교제하는 자 되기를 원치 아니하노라"(고전 10:20)라고 했는데, 이는 조상숭배가 우상숭배이며 귀신과의 교제임을 보여주는 것이다. 조상제사는 귀신을 섬기게 만들어 사단의 지배권을 강화시키는 기회를 제공해 주는 행위이다.

모세는 이스라엘의 배교(背敎)에 대해 말하면서 "그들은 하나님께 제사하지 아니하고 마귀에게 하였으니 곧 그들이 알지 못하던 신, 근래에 일어난 새 신, 너희 열조의 두려워하지 않던 것들이로다"(신 32 : 17)라고 했고, 바울은 갈라디아서 4장 8절에서 "하나님이 아닌 자들에게 종노릇하였더니"(사단에 매여 있다)라고 했다.

이처럼 사단의 존재에 대해 바른 이해를 갖고 있지 않으면 무속신앙과 기독교의 차이를 전혀 발견 할 수 없게 된다. 사단은 "이 세상 풍속"(엡 2:2), 즉 모든 미신들의 배후 조정자인 것이다.

인용한 글에 "조상숭배가 철학적·윤리적인 체계를 가지고 인식된 것은 유교의 정착을 통해서이다"라고 되어 있는데, 이는 유교 이전에도 조상숭배가 있음을 전제로 하고 있다. 앞에서 언급한 촌산지순의 샤머니즘 귀신론을 보면 알 수 있듯이 샤머니즘의 귀신론은 유교의 귀신론과 일치한다. 많은 사람들이 유교와 샤머니즘을 대립되는 것으로 생각하는데 그렇지 않다. 유교(儒敎)의 유(儒)가 갑골문(甲骨文)에서 죽은 자와 살아있는 자를 연결하는 '샤먼'을 의미하기 때문이다.

이는 유교 조상제사의 핵심이 '효'가 아님을 보여준다. 그건 나중에 만들어진 것이다. 유교에서의 조상제사는 샤머니즘과 마찬가지로 정당한 조의를 받지 못한 귀신이 이 세상에서 지내면서 살아있는 사람들(후손)에게 재앙을 가져다 줄 수 있다는 생각에서 기인한 것이다. 조상신이 길흉화복(吉凶禍福)을 주재한다고 생각한 것이다. 그러므로 조상제사에서 우선되는 것은 효가 아니라 귀신을 달래는 것이다.

• 단군과 샤머니즘

박기복이 감독한 <영매 - 산자와 죽은 자의 화해>(2003)는 무당의 삶을 다큐멘터리로 찍어 화제에 오른 영화이다. 감독은 샤머니즘이 근대화 이후에 잊혀져가는 한국의 '전통문화'라는 입장에 서서 아주 호의적인 태도로 영화를 만들었다.

이 영화 초반에 마을 전체가 참여하는 포항 풍어제(별신굿) 장면이 나온다. 감독은 이에 대해 "풍어제는 무당을 중심으로 온 마을 사람들이 참여하는 대동화합 차원의 굿이다.

그것을 마치 여행하다가 우연히 들린 사람이 바라보는 것처럼 느껴지게 하고 싶었다. 다시 말해 그것은 무속의 선정성을 차단하고 편견 없이 굿에 관한 이야기에 귀 기울일 수 있게 하는 장치였다. 마을 전체가 참여해서 울고 웃으면서 그 무적(巫的) 세계관을 공유하는 것을 본다면 한국 무속이 속된 말로 미신이나 사이비로 치부되지는 않을 것이다"라고 말한다.

이 영화는 별신굿, 서해안 배연신굿, 서울의 새남굿, 황해도 굿, 진오귀 굿, 진도의 씻김굿 등 많은 굿들을 소개하기 위해 애쓰고 있는데, 다음과 같은 발언은 감독이 굿판에 감동을 받은 사람임을 보여준다,

"하나의 전통이 사라져가고 있다는 것에 대한 안쓰러움이 있었다. 영화의 중반, 한 무당 할머니가 그런 이야기를 한다. 지금처럼 인간문화재 되고 대접받는 시대가 올 줄 알았으면 자식 중에 똘똘한 놈 하나는 붙잡아서 가르쳐 놓을 걸 그랬다고. 영화 중간에 두 자매가 노을을 배경으로 손을 잡고 걸어가는 뒷모습을 집어넣은 것도 사라져 가는 전통에 대한 안타까움을 전하고 싶어서였다. 오랜 작업과 시련을 통해서 경지에 이른, 소위 대가라는 사람들은 사람 자체에서 풍기는 아우라와 울림이 있다."

결국 이 영화를 통해 감독이 하고 싶은 말은 샤머니즘은

미신이 아니라 한국 사람들이 정성스럽게 가꾸고 발전시켜야 할 '전통 문화'라는 것이다. 이런 주장은 전통 문화를 강조하고 단군을 숭배하는 사람들이 기독교를 비판하면서 하는 말인 "기독교가 한국의 전통문화인 무속신앙을 미신 취급했다"는 주장과 통한다. 미신은 이런 말장난에 의해 지금도 연명(延命)하고 있는 것이다.

'한문화운동연합'이라는 단체가 전국 학교에 단군상 세우기 운동을 벌이는 것도 마찬가지 수법이다. 이들이 단군상 건립의 이유로 내세우는 것이 바로 '민족정신의 회복'이다. 한국사회에서는 '전통', '민족정신'이라는 단어를 구사하면 비판에서 면죄될 수 있는 소지가 크다. 이런 '감상적 민족주의'의 분위기에서 단군상 건립을 반대하는 사람은 무조건 매국 행위를 하는 사람 취급을 받게 된다.

'무당'과 '단군'은 깊은 연관이 있다. 단군이 바로 무당을 가리키는 말이기 때문이다. 신라 방언(方言)으로 무당을 '차차웅'(次次雄)이라고 하는데, [三國遺事]에 보면 이 말이 "방언으로 무당을 말하며, 세상 사람들이 무당은 귀신을 섬기고 제사를 숭상하므로 그를 경외하여 존장자(尊長者)를 일컬어 자충(慈充=次次雄)이라 하였다"고 쓰여 있다.

민속학자 이능화는 [조선무속고](朝鮮巫俗考)에서 차차웅의 웅을 무당이라 하는 것은 환웅(桓雄)으로부터 비롯되었다고 쓰고 있다. 그는 "환웅의 신시(神市)라는 것은 고대 무축(巫祝)의 일로 단(壇)을 설치하고 하늘에 제사 지냄으로써 단군(檀君)이라 불렀다"고 쓰고 있다. 즉 단군은 무교의 무당을 뜻하는 것이다. 결국 단군신앙은 샤머니즘인 것이다.

2000년에 있었던 한국고대사학회 제 13회 합동토론회에서 울산대학교 인문과학연구소 연구교수 나희라는 단군 신화에 환웅 등의 천신이 거주하는 신계(神界)와 곰이나 호랑이로 대표되는 자연계 및 인간계가 서로 교류하며 이상적인 조화의 세계를 추구하며, 여러 세계와의 교류에 산(태백산)과 우주목(宇宙木)인 신단수 같은 매개체가 등장하는 것 등은 전형적인 샤머니즘 문화와 세계관을 보여준다고 언급했다.

무속신앙의 영향력은 대단한데, 18세기 풍속화가로 유명한 김홍도와 신윤복의 그림들, 그리고 씨름, 구미호, 삼신할멈 등이 모두 무교와 깊은 관련이 있다.

김홍도와 신윤복의 그림들은 서민들의 생활 모습을 그린 것이 아니라, 신라가 불교를 국교로 받아들인 후 점차 사라진 고대의 무속 미술을 되살리기 위한 것이었다.[147]

김홍도가 그린 「무동」(舞童)은 춤을 추는 장면을 묘사하고 있는데, 단순히 무용하는 장면을 그린 것이 아니라 무당

---

147) 박용숙, [한국미술의 기원] (예경, 1991), p.182.

풍속을 그린 것이다. 갑골문에 보면 '무'(巫)자는 '무'(舞)자와 긴밀한 연관성이 있다. 중국 최초의 어원학(語源) 사전인 [설문해자](說文解字)에 보면 '무'(巫)를 "여자로서 형체가 없는 것을 섬기며 춤으로 신을 내리게 한다"라고 되어 있다.

쌍검대무

신윤복이 그린 「쌍검대무」(雙劍對舞)는 칼 든 무당이 춤추고 있는 장면을 그리고 있고, 그의 또 다른 그림인 「무녀신무」(巫女神舞)는 무당이 부채를 들고 춤추는 모습이다.

씨름의 기원도 무속신앙이다. 김홍도가 그린 「씨름도」라는 그림이 있다. 우리는 씨름을 그냥 명절의 행사 정도로 생각하는데, 이능화는 [조선해어화사](朝鮮解語花史)에서 씨름은 무교를 숭배하던 신라시대 화랑의 풍속으로 이들은 한 사람의 화랑(美童)이 탄생하면 많은 사람들이 그를 뺏기 위해 씨름과 격투기와 같은 것으로 결투를 벌이고 이긴 자가 화랑을 차지했다고 쓰고 있다.[148]

---

148) 박용숙, 같은 책, p.385.

무녀신무

또한 무교에서 여신(女神)은 여우와 이리의 환생으로 이해되며(구미호), 이것들은 훌륭한 아이를 주는 존재로 인식되어 '삼신할멈'으로 불리기도 했다. 마고여신을 추종하는 사람들은 삼신할멈이 곧 마고라고 하는데, 그렇다면 결국 마고는 무당들의 최고신인 셈이다. 마고 연구가 황혜숙은 "마교종교의 전문가들은 무녀들이고, 굳이 이름을 붙이자면 이들이 사제였"고 "마고종교는 역사적으로 무속종교와 정령숭배의 양상으로 발전되었다"라며 이런 사실을 인정하고 있다.

뉴 에이지 신비주의

지은이 : 김태한
편집 및 표지 디자인 : 이미정
인쇄 : 오양
펴낸이 : 강인중
펴낸곳 : 라이트 하우스
출판등록 : 1995.2.24 제 10-1118호
주소 : 서울 마포구 마포동 35-1 현대빌딩 1114호
전화 : (02) 711-7436
팩스 : (02) 719-8451
이메일 : miso@lighthouse21.co.kr
홈페이지 : www.lighthouse21.co.kr
초판 1쇄 발행 : 2008. 4. 14

ISBN : 978-89-92664-01-1

값 8,000원

잘못된 책은 교환해 드립니다.